教育的梦想与实践

钟启鹏 ◎著

YSP 北京燕山出版社
BEIJING YANSHAN PRESS

图书在版编目（CIP）数据

教育的梦想与实践 / 钟启鹏著. — 北京：北京燕山出版社，2020.5
ISBN 978-7-5402-4931-1

Ⅰ. ①教… Ⅱ. ①钟… Ⅲ. ①中学物理课—课堂教学—教学研究 Ⅳ. ①G633.72

中国版本图书馆CIP数据核字（2020）第081352号

教育的梦想与实践

作　　者	钟启鹏
责任编辑	满　懿
出版发行	北京燕山出版社
社　　址	北京市丰台区东铁营苇子坑路138号C座
电　　话	010-65240430
邮　　编	100054
印　　刷	北京政采印刷服务有限公司
经　　销	新华书店
开　　本	170mm ×240mm　16 开
字　　数	257千字
印　　张	14.25
版　　次	2022年6月第1版
印　　次	2022年6月第1次印刷
定　　价	58.00元

因为有崇高的教育梦

（代 序）

著名教育家陶行知先生说：“千教万教教人求真，千学万学学做真人。”我们每一位教育工作者对待自己的工作都应如此。

近期，钟启鹏老师的著作《教育的梦想与实践》即将面世。作为一名教学第一线的教师，在紧张的教学之余，把自己对教育的感悟和教学实践知识进行总结和出版，我十分敬佩！从钟老师的著作中，我感受到了作为一名基层教育工作者肩负的责任之重大、工作之辛苦，感动不已！

我和钟老师相识于世纪之初，当时我给陕西师范大学2004届研究生班授课。作为班上的学员，钟老师学习认真刻苦，课余时间总是提出一些有意义的问题和老师探讨交流，使我记忆深刻。钟老师特别关注并投身于教学改革，他的毕业论文以“关于中学物理课堂教学方法改革尝试”为题，其论文观点鲜明，证据充分，论述有说服力。

钟老师立足物理教学实践，持之以恒地开展教育教学研究。《教育的梦想与实践》这部著作既是他多年来教育教学实践的总结，也是展示他的教育理念和教学实践体会。其内容充分体现了实践性，对同行来说可赏、可读、可鉴。他有这样的成就，我倍感欣慰！

随着我国教育教学改革不断推进和深入，从20世纪90年代初全面推行素质教育以来，现在又把发展学生的核心素养作为立德树人的主要抓手，标志着我国的教育改革在发生巨大的变化。面对目前不断深化的教育改革，每一位教育工作者都应该认真思考，在基础教育阶段如何有效地推进以发展学生核心素养为目标的课堂教学改革。从钟老师的著作中可以窥见其对培养学生核心素养的初步尝试。

在《教育的梦想与实践》中，主要编纂了钟老师十多年来发表的文章和在各市、县所作讲座。从单篇文章来看是表达一个独立的观点，但从章节来看，就把各个观点串在一起反映了一个系统的教育教学主张或他的教育思想，这就是这部作品的亮点。他的每一个讲座都是一个独立主张，其中的教育理念对读者颇有启发。

书中的内容呈现了钟老师从物理课堂教学实践中总结的经验与教训，这些实践性的知识启发了教学一线的教师要从课堂教学出发，在教育教学实践中研究教学和总结积累经验，不断提高教学质量。课堂教学研究永无止境，以研究的态度教学，每节课都会常上常新。因此，课堂不但是成就优秀教师的阵地，而且是通向教学名师的天梯。离开课堂和学校谈教育，就是纸上谈兵、水中捞月。钟老师之所以能走进陕西省教学名师行列，就是因为他扎根于课堂教学第一线，在教学实践中研究教学，不断总结和提升教学经验。钟老师的成长历程是身处边远贫困地区的教师专业发展的优秀案例之一。

钟老师的著作从“理念、实践、梦想”三个层面层层递进地道出了自己的成就之路，这应该给我们每一位基层教育工作者很大的启示——梦想源于实践，幸福源于成就。

钟老师的成绩来自他付出的汗水和孜孜不倦、持之以恒的坚持。从钟老师的著作中可以感受到，无论从事什么职业，只要把职业当成事业来做，一定能体会到职业的幸福，一定会展现人生的最大价值，一定会实现人生的最大幸福！

王较过

2019年7月10日于陕西师范大学

人生为一大事来

（自 序）

我的第三本书《教育的梦想与实践》终于问世了。我的想法是把我的教育理念和实践展现给同仁，与同仁商榷教育的现实问题。把自己的教学过程与方法说给大家，对自己是一种陶冶，也可供他人借鉴。

苏联教育家苏霍姆林斯基说：“我坚信，教育不仅是一门科学，而且是一门艺术，而教育艺术的全部复杂性，是要善于感觉到一个人身上那种纯属个性的东西。”我也很想把属于自己个性的教学主张和教学思想展现出来。这是我这本书出版的原因之一。

教育的艺术性在于实践性，不同的人、不同的环境，教育艺术的表现形式各种各样。随着教育的深入改革，教育艺术就更加日新月异，适合自己的表现方法不一定适合别人，但也可能值得借鉴。为此，我把自己在实践中总结的教育艺术展现出来。这是我这本书出版的原因之二。

针对当前核心素养的培养问题，我在深思：素质教育的终极价值如何实现？核心素养的培养在中小学如何实施？社会主义核心价值观在学科教学中如何落实？在基础教育阶段又如何有效推进以核心素养为中心的课堂教学？对这些问题的探索令我尝试着对此做出初步的解释。这是我这本书出版的原因之三。

陶行知先生说：“‘教学做合一’是以生活为中心——怎样做，就怎样学；怎样学，就怎样教。所有的问题，都是从生活中发生出来的。从生活中发生出来的困难和疑问，才是实际的问题；用这种实际的问题来求解决，才是实际的学问。”

从物理课堂教学实践中总结的经验与教训是想引领同仁善于从自己的课堂教学出发，要在教育教学实践中去研究和总结，这就是我们倡导要做好的草根研究。我认为课堂教学的研究永无止境，天天上课，天天研究，天天有新意。课堂就是教师永远的阵地，是每一位教师通向名师的天梯。离开课堂和学校谈教育，就是纸上谈兵、水中捞月。我们要扎根于课堂和学校，认真研究课堂和学校的故事。这是我这本书出版的原因之四。

我的这本书编纂的是我十多年来发表的文章和在各市、县所作讲座。从单篇文章来看是表达一个独立的观点，但从章节来看，是把各个观点串在一起反映了一个系统的教育教学主张或教育思想，这也是本书个性的体现。每一个讲座都是一个独立主张，引领着某个理念，召唤着某种行为。

当然，书中难免有许多个人的浅知拙见供专家批评指教。这需要我们每位读者抱着批评的态度去审视每一个观点和做法，去塑造一个人格有魅力、教育有良心、教学有责任的教育者。

本书展示的是我的教育理念和教学实践体会，虽然内容体现了实践性，但是编排尚欠完整。

书中语言朴素、流畅，观点鲜明，主张明确，对于教育教学一线的教师来说应该有很强的针对性、实用性、借鉴性。

感谢陕西师范大学王较过教授和张海洋教授，省级名师、西安交通大学附中孙鹏伟校长，江苏省南通市通州区教师发展中心陆云峰副主任，恩师谭启九老师等对本书的支持和指导！衷心感谢你们！

钟启熙

2019年7月18日 于镇巴县泾洋中学

前言

FOREWORD

当前，教育改革如火如荼，课程改革和课堂教学方法改革也走到了风口浪尖，“船”向何方行驶才能进入平稳快速的轨道？教育家和教育实践者都在探索。但是，无论改革怎么“改”，有一点是不可动摇的——基础教育者扎实工作的精神、稳中求实的态度、与时俱进的理念、高尚的职业情操和为人师表的品质。这一点是教育“大厦”的基石，是每一名教育工作者应该具备的基本素质，是不可改变的。

正因如此，在现实教育实践中，我们看到了许多让我们每个有职业操守的教育工作者担忧的教育现象，如教育倦怠症、工作应付论、学习无用论、唯工资论等。这种现象虽不是发生在每个教育者身上，但在部分教师身上存在，这些都是对教育发展产生巨大阻碍的短板，这种思潮不是一股“小溪”。这种思潮折射出来的价值观、人生观将对几岁、十几岁的学生产生什么样的影响？这种观念培养下的学生走出校门将对社会产生多大的危害？实在难以估量，也不可小觑。

为此，作为一名普通的教育工作者，我从自身行动出发，从做一名幸福的教育者出发，从我们每个教师的责任出发，从教育发展的前瞻性出发，发出一些呐喊，倾吐一些劝说。我从教育实践中的不同角度，对教育细节中的许多薄弱环节进行认真审视，发表自己的观点。愿景是引导有上述不良观念的同行重新认真审视教育价值观，树立教育梦想，追寻教育幸福，做一名合格的教育使者。

因为我的初衷是开启“教育梦”，希望教师都有理想、有追求，并能为自己的“教育梦”而追求，但愿他们梦想成真，所以我写了《给同行的十条建议》十篇系列拙文——对老师说的十句心里话。

不知我的“心里话”能否使你产生“梦想”，不知你的“梦想”能否成真，但愿随缘吧！

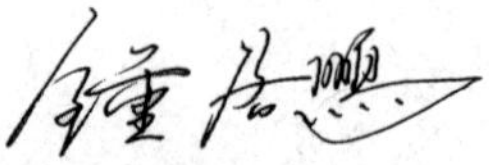

2016年3月1日于镇巴县长岭初级中学

CONTENTS

目录

第一章 教育理念篇

第二章 教育实践篇

第三章 校本教研篇

第四章 教育梦想篇

第一章

教育理念篇

我们对于书的根本态度是：书是一种工具，一种生活的工具，一种“做”的工具。工具是给人用的；书也是给人用的……用书必须有目的。遇到一本书，我们必须问：您能帮助我把这件事做得好些吗？您能帮助我过一过更丰富的生活吗？

——《陶行知全集》第二卷第529、530页

给同行的十条建议

书是一种工具，只可看，只可用。看也是为着用，为着解决问题，断不可以呆读。认清这一点，书是最好的东西，有好书，我们就受用无穷了。

——《陶行知全集》第四卷第252页

从步入学校大门伊始，您要充当的不仅是自己那门课的教师，而首先是教育者。

——《苏霍姆林斯基选集》第5卷第414页

建议一：为梦想而奋斗

世上永远没有谁的成功是一蹴而就的。

我们教育这个行业，你如果仅仅把它当成职业，像开商店、学驾驶一样，作为谋生的手段，时间久了你就会觉得很枯燥乏味，再久一点，就会产生厌倦。你产生厌倦的原因不是教育这个职业本身，而是你自己。因为你自己仅仅把这个职业当成生存的需要，缺乏活出人生精彩的兴趣及价值观的追求。

我们经常看到有些教师课后就是拿起手机没日没夜玩游戏和调侃微信，而有些教师却在埋头研究教材、反思课堂；有些教师课后长期看精彩的电视剧来打发时光，而有些教师却在做教学或课题研究；有些教师经常在热被窝里做美梦，不到上课时不起床，而有些教师却起早贪黑地奋战在班务管理的路上；有些教师课余喜欢“斗地主”“挖坑”“砌砖”，纸醉灯迷，而有些教师却在反思今天教学中的得与失。

这些鲜明的对比，造就了彩虹与乌云的差别。坚守伟大梦想的人登上了崇高荣誉的殿堂，而只做美梦不行动、只顾游玩不奋斗的人，美梦始终没有成真。

为此，我们应该把教育当成事业来做。

任何一种职业本身都蕴藏着乐趣，看你如何去探寻。教育本身有着无穷的乐趣会让我们兴味盎然，有无穷的故事需要我们去探索、研究、总结和追寻。比如，同样的教学内容面对不同的班级可以有不同的教法，产生不同的结果，这其中的差异就值得总结和回味；同样的教学内容在不同年份教给不同的学生，就有不同的感悟，而且还步步提升；不同年级的学生做同一件事情，采取的方法不同，得到的结果不同，这其中的道理就值得研究；班主任对不同的学生采取的教育方法不同，获得的效果也不同，这其中的奥妙永远值得回味。只要我们认真地从一点一滴的教育现象中去探索其中的故事，就会有成果，就会觉得教育“有嚼头、有味”。如果能持之以恒，你将会取得丰硕的成果。那时，你的付出就会觉得值得。

历史上的伟人不胜枚举。古代的孔子四次转折。从教转向从政，再转向周游考察，最后又转向从教。我们今天的人猜想他的理想是教育救国，并且毕生为之奋斗，最终成为我国的儒家先圣。近代的叶圣陶从一名小学教师做起，毕生研究“教是为了不教”的真谛，最终成为我国著名的作家和教育家。现代的魏书生于1969年成为一名小学民办教师，因成绩显著，1971年被招工，1978年又改行当上了中学语文教师。在之后短短五年间就被评为辽宁省级“为人师表”先进个人，之后，由于在语文教学改革中成效显著成为我国当代的教育改革家。

有人会说他们这些人都有超凡的毅力、智力。是的，确实他们勤于探索、勇于进取并超出凡人。但是，他们怀揣伟大的梦想，并为之奋斗，难道不值得我们学习吗？如果伟人我们比不了，难道我们不可以与我们身边的教学能手、名师相比吗？他们与我们有一样的智力，我们与他们之间的差别就在于是否有梦想、是否有毅力坚持下去。他们宁可少休息一会儿，少看一会儿电视剧，少打一会儿游戏，也要把更多的精力放在教学研究、班主任工作研究、课题研究上，勤于思考和写作，虚心讨教和探索，把做教育从职业上升到事业的层面，并忠于教育事业。他们的这种品质就是我们要学习的。

凡是成功的人都有过无数的累，他们身上之所以有闪亮的光环，就是因为他们曾经扛下了黑暗和挫折。生活给了一个人多少磨难，日后必会加倍还给他多少幸运。为梦想颠簸的人有很多，不差你一个，但如果你能坚持到最后，你就是唯一的！为梦想成真，你只有奋斗！

（2015年12月1日于镇巴县长岭初级中学）

建议二：干好本职工作

任何一个人在任何岗位都要干好本职工作，这是天经地义的事。因为，干好本职工作既是良心所在，也是责任所在。同时，任何一个人的工作绩效也决定了你单位的领导会不会重视你，决定你在同事中的地位如何，决定你能不能被评为什么优秀，决定有没有什么培训和学习的好机会给你。搞好与同事、领导的关系，是我们每一个人良好的做人品质，但是，你过于在领导面前献媚（为了让领导给你不该得到的好处），那就说明你的品质有问题了。一般来说，领导不会把荣誉、好事等给一个工作成绩平平甚至很差的人，因为任何一个人从人的本性出发都是自私的，所谓的公是建立在不损私人利益的基础上的。如果有一位领导不顾你的工作成绩差而给你荣誉，那这位领导离下台也就不远了（他是不会这么做的，因为没有哪位领导这么糊涂）。领导的大公无私既是为了单位的事业，也是为了他自己的荣誉和权力的公平公正，这就是很聪明的领导。历史上不乏舍弃个人的私利甚至生命，真正意义上大公无私的人，他们被历史永远记住了。正因为这种人太少了，所以才被社会所铭记和传颂，而一般情况下，领导能认可你的就是你的职业道德、工作成绩和做人品质。

任何校长不可能漠视你的低效甚至信任你的无能，那样他会在这个学校失去威信和支配力，这样不仅会毁掉一个学校，而且他这个校长也当不长久。我们想一想，作为校长他是信任你的无能而毁掉学校还是重用能者而兴旺学校、振兴教育事业？答案是后者。所以说，只有你自己做出成绩，自己强大了，你才会在事业中有出路。有一句俗语："路是自己走出来的。"

著名的数学家陈景润老师为了躲避外界的纷扰，藏在四周围有布帘的床下借用手电筒照明研究数学，有谁给他提供帮助？除了他的老师悄悄给他指导外，得不到一切外援，他就是靠自己坚忍不拔的毅力为理想而奋斗，最终成功的。著名的农业科学家、被誉为"杂交水稻之父"的袁隆平先生，常年坚守在农田间——观察、实验、总结、再实验，怀揣梦想，矢志不渝，最终解决了全中国人的吃饭问题。我们汉中的王吉明老先生，在镇巴的教育战线上埋头耕耘四十余载，兢兢业业、一丝不苟，把自己的本职工作做到了精细、极致，最终成为全汉中教育人敬仰的楷模。

类似的例子不胜枚举，这些人都是在自己的本职工作中做出卓越成就的人。

所以，你无论在任何学校都不要指望靠别人意外地把你评为"优秀""骨干"，而要靠自己去考试、拼搏。凡是把希望寄托在别人身上的人，得到的只有失望。只有自己付出汗水、智力、精力，才会有收获。只有一辈子靠自己拼搏的人，前途才是无限光明的，人生才会收获精彩。

（2015年12月15日于镇巴县长岭初级中学）

建议三：要学会"师亲"

我国古代第一部教育专著《学记》中记载有古训："亲其师，信其道；尊其师，奉其教；敬其师，效其行。"我过去很崇尚这句话，信奉这个理，因此在教学过程中，想方设法地"献媚"学生、取悦学生，让学生感到这名老师很亲切，那么，他们就很愿意认真地听我的课。湖北省学科带头人、名师彭敦运教授在他的《做一个会经营故事的教师》一书中称这种教学方法为"献媚教学法"，听起来很调侃，但很实用、很现实。当然，我也在这种教学法指导下取得了可喜的成绩。

但是，存在这样一个问题，"亲师"的主体是学生，主动者也是学生，无非是学生的这种主动由老师引领而已。现实的教育，大部分学生不愿意进学校读书，被赶进了学校，许多学生认为是学校要他们读书，实际上是国家的发展需要他们读书。既然不是学生本意要进学校，那他们为什么要亲近你呢？所以，针对现实的教育，我们作为最基层的教育者应该把这个词颠倒过来——“师亲”。“师亲”的含义就是作为教师要主动地亲近学生。“师亲”的主体虽然仍是学生，也应该是学生，但是主动者却变成了教师。我们应主动地去亲近学生，只有亲近学生才会了解他们、关爱他们，让他们理解国家的未来和希望在他们身上，让学生理解读书是自己的使命。所以，“师亲”是现实教育赋予我们的新的教育使命。“师亲”的过程也是爱心教育的过程，正如著名教育家陶行知先生所说：“没有爱，就没有教育。”

首先，“师亲”需要我们从教育理念上转变过来，理解“师亲”的内涵，明白“师亲”的重要。我们不怀疑“黄金棍子出好人”，但是，只有“黄金棍子”不一定出“好人”。教育方法是多种多样的，教师要选择适合不同学生的教育方法还真得费点心思。

其次，“师亲”需要我们落实在一言一行中，教师亲近学生，形似“献媚”学生，实是关爱学生，这是教育产生以来的真谛，是归真的教育。现代教育更是迫切召唤着我们时时刻刻这样去做。

在新课改背景下，课堂教学具有三类目标：一是完成教学进度，二是帮助学生建构知识，三是教师发展自己。那么，这三类目标的实现，只有首先落实“师亲”才会实现效益最大化。否则，教学进度难以完成，学生建构知识难以实现。这两个目标完不成，又怎么实现教师发展自己呢？鉴于此，“师亲”就无比重要了。

（2015年12月18日于镇巴县长岭初级中学）

建议四：多一点课外阅读

当下的教师普遍缺乏阅读的习惯。据我了解，我周围的教师更是没有养成良好的阅读的习惯：一年中，平均每人没有阅读一本书，阅读的报纸、期刊、杂志也就两三种。他们有自己的理由：教学工作忙、应酬多、工作厌倦、书读多了也没用。这些理由看似都充分，但是否正确呢？是否真是如此呢？答案是否定的。

我没有形成过具体的调查报告，不能用数字说话。但是，我观察过我所认识的所有教师，凡是有作为的教师都忙，忙于钻研教材、研究课堂，忙于班务，忙于研究教学资料，当然也忙于应酬。但是大部分教师忙，却无所作为，因为，他们忙于行为，而惰于思考；忙于应酬，而惰于工作；忙于应付工作，而惰于工作进取。试想，我们每个人都生活在同一环境中，为什么有些人有很大成就，而有些人又碌碌无为呢？关键在于思想、理念的区别，有思想的人总能对工作分出条理、分出轻重，合理安排、上升高度。

做一名有教育思想的教师，不仅要善于观察和思考，还要善于阅读。

阅读教材和教学资料是教师必备的，而教师更要阅读专业以外的东西，无论与专业有关还是无关、无论是有益的还是“无益”的、无论是书本的或网络的都要阅读。现在有些人时时刻刻抱着手机在阅读，而且还痴迷，但是他们阅读的是无聊的甚至是污染心灵的垃圾知识，很少有人在网络上下载名著或与专业有关的知识。所以，阅读不能滥读，要有选择、有意义地阅读，要有思想、有理念地阅读。不仅要阅读书本，还要阅读社会、阅读人生。

书是故事的载体，故事是书的构件。一本书中有故事，一个人周围有故事，一个人的一生更有故事。一个人有多少故事，就有多少内化的知识。阅读的目的就是增加故事。一个人所知道的故事随着量的积累，也会发生质变，彻底改变自身的素质结构和人生命运。一名教师要在讲述自己的教育故事中重新发现自己，并通过一定的职业规范不停地校正自己，从而提升自己。

“有许多教育大家感叹，默默撰写20年教案，不如撰写20篇有分量的教育叙事。为什么？就因为在撰写这些教育叙事时，必须伴随着太多的阅读、叙述、回望、思考和设计。”[①]因为阅读，不仅是阅读教材，阅读参考书，还必须阅读课外书籍，阅读他人的教育故事，阅读学生和自己。教育叙事的成功，证明了它对教师自我发展的有效性。成功的教育叙事也启发了我们——要提高学生学习的效率，就要采用类似的草根研究——阅读叙事。

有教育大家说：“读一本好书就是和高尚的人在谈话。”[②]当乐读成为常态时，与高尚者的对话就成了高雅的日常生活。

读书不仅是乐，更有味、有位、最有可能有为。

劝君使阅读成为习惯、成为乐趣、成为常态。

（2015年12月21日于镇巴县长岭初级中学）

建议五：认真上好班会课

班主任老师在学校的重要地位毋庸置疑：他是联系学校与社会、学校与家长、学生与科任教师、学生与学生之间的桥梁。班主任要传递的信息涉及学校教育的方方面面，是正能量传播的使者，是学生形成正确人生观、价值观的导师。班主任传递信息的主要渠道之一是班会。

班会的形式很多，有主题班会（主旨鲜明）、事务性班会（夕会）、故事会（兴趣为主）、评奖会、讨论会等，一般以前两种班会居多。

班会，无论形式怎样，达到的目的主要有：①教育作用；②明事理；③完成某种任务。而最主要、最鲜明的特征是教育性。

班会的作用很明了，大家都知道，但为什么实际教学中大部分班主任在大部分时间不上班会呢？即使上班会，也是事务性班会，而很少上主题性班会，这正是班主任对班会意义理解的缺失。据我所知，绝大部分班主任是迫

① 彭敦运.做一个会经营故事的教师［M］.北京：中国轻工业出版社，2015.

② 郭纪标.教育之道，道在心灵［M］.上海：华北师范大学出版社，2014.

于学校的检查才上班会（夕会），而上班会的内容以说事、安排某个任务为主。这样的班会，不是说不能上，而是说这不是班会的主体部分。那么，班会的主体是什么呢？当然是主题班会。

主题班会的特征是具有鲜明的教育性。上主题班会前，班主任要构思一个主题，无论通过什么形式，必须宣讲或凸显一个主旨——让学生明白某一个道理。我们要让学生明白的道理有千千万万，何止一两个班会能完成呢？要让学生明白这么多道理，我们班主任一学期至少要上好40个主题班会。主题班会，不一定是大规模的，不一定要布置场景，不一定要周密计划和安排，只要主旨鲜明，达到教育目的就行，有主题就行。有些道理让学生明白一次还不行，随年龄增长、知识力增强，要反复强化，要让学生多次明白才行，他们才能理解道理的内涵。

既然班会这么重要，为什么大多数班主任却忽视了呢？原因是：①他们没有认识到班会的重要性；②他们本身缺少对学生说理的证据，也就是收集的教育事例少，缺少教育故事；③有些班主任因个体原因，与学生间缺乏沟通和交流，或者不善于交流；④有些班主任不善于思考如何教育学生，只是应付学校安排，缺乏主动性。

上好主题班会的前提是要有一颗爱学生之心，要有强烈的教育使命感。上好主题班会的关键是要在平时的学生活动中收集典型的、常见的、突出的事例，用文字、视频形式把这些事例记录下来，这是上好主题班会的原始证据——以据说理，还可以通过历史典故、伟人名人逸事等说理明志。总之，主题内容要充实、真实，说理浅显明了，教育目的单一。

我提倡班主任要上好班会，因为班会不仅是班主任的教育职责和良心所在，同时也是班主任实现自我发展的必要途径，是班主任成长为名师的必经之路。

我们每一位教师都希望自己成为名师，使自己的价值得到体现和尊重，唯有做好本职工作，做出成就，做出特色。从来没有哪位教育大家是高谈阔论喊出来的，也没有哪位教育大家是脱离班主任实践而产生的。古代有孔子、韩非子、朱熹，近代有蔡元培、徐特立、陶行知，现代有叶圣陶、斯霞、魏书生，国外有苏霍姆林斯基、杜威等，哪位不是优秀的班主任？哪位不是教育家？他们就是我们深受启发的源泉，是我们学习的榜样。

所以，做好班主任工作的关键就在于上好班会，持之以恒地上好班会，一定能成为优秀的班主任。做一名优秀的班主任，众人敬仰，名师之实名所归。

为此，作为班主任应实实在在地上好每一节班会，因为这是教师专业发展的需要，是教师成就自己的需要。

（2015年12月26日于镇巴县长岭初级中学）

建议六：做课题研究要少点功利性

课题研究是当前各种专业技术行业中的必修课业。课题研究成果不但是作为专业技术职务晋升的重要条件之一，是必不可少的；而且是专业技术人员自身专业发展的捷径，是成名之路。

当下在教育界，只要有职务晋升机会的教师，要么申报主持课题，要么参与别人申报的课题研究，大多数只有一个目的——职务晋升。很显然，如果职务晋升不需要课题研究成果，他们是不会做课题研究的，甚至问都不会问。所以，现在有些人参与课题研究，有非常明确的目的性——功利性。

教师带着功利性参与课题研究，从个人利益发展的角度来看，我不能说不对，但从个人专业发展的角度来看，可以肯定地说不对。因为，专业发展的重心词是“专业”，而利益发展的重心词是“利益”，它们的目的不一样，为不同的目的而发展。在这里，我们就要讨论一下教师职业究竟是为“利益”而发展还是为“专业”而发展。这是两种价值观，必然产生两种态度和两种行为。

为“利益”而发展，是把教师当成一种职业，一种谋生的手段，换句话说“为生存”而选择了教师。根据马斯洛的需要理论，生存是人的第一需要，从这个角度上讲，这种人的观念没有错，只是他们的追求层次太低了。

为“专业”而发展，是把教师当成一种事业，不仅是谋生的手段，还是人身价值追求的“航标”，其价值取向的意义远高于前者。这样的教师是有梦想的，追寻的是教育幸福。这是马斯洛需要理论中高层次的需要。

作为一名刚当教师的人，一般没有这样的认识，价值取向是模糊的。但是，时间久了，对教师职业和教育行业有了深层次地了解和感悟，价值取向应该有明确的判断。如果只想随校长的安排叫我干什么就干什么，年复一年，只要别扣我工资就行，直到退休。这样的教师肯定没有职业追求，把教师当成挣工资的职业，退休时，你问他感想如何？他有且只有两个字“没啥”。这样的人是不会有职业幸福感的。

作为教师，不能说校长叫你做什么你就做什么，不能像“癞蛤蟆戳一下，跳一下”，而应该在校长安排做的事之外，还有很多事是校长不能安排的，也不可能安排。例如，课外读什么书，教材钻研到什么程度，课备到什么精细程度，课堂教学方法什么最好，研究什么课题，班会的主题选什么。这些，校长能安排吗？一名教师能否有作为，恰好就在于能否把校长不能安排的正当事做好。名师之所以成名，就在于身在“三界”中，跳出“三界”外；身在平凡中，做到不平凡。

当今，把课题研究成果作为职务晋升的必备条件之一，这是一种政府强制行为，因为通过课题研究可以促进教师专业发展。既然通过课题研究可以促进我们教师的专业发展，为什么我们不借助这条路径沿着这条路走好呢？功利性课题研究，只是让部分教师初步懂得了如何做课题研究，而不能掌握课题研究的要义，也不能做出有价值、有品位的课题成果，更不可能对专业发展有什么成长。

教育幸福是蕴含在教育成果中的，教育幸福产生在教育兴趣之后，教育兴趣又产生在教育成果之后。当你有一点努力，取得一点成就，得到了一点回报之后，兴趣就有了，之后，就是乐趣。有了乐趣，你还觉得教育乏味吗？当然不会，在教育过程中你享受的就是教育幸福。

把课题研究当成乐趣来做，当成追求来做，就大大丰富了你的教育成果，你的人生幸福就乐在其中。

不信，你们试一试！

（2016年1月10日 于镇巴县长岭初级中学）

建议七：多修炼课堂中途组织

中小学学生的厌学是极为普遍的“时代”现象，而且随着学生学龄的增长，这种厌学情绪越来越强烈。对近三分之一（许多调查可以证明）的学生不愿听讲，不愿交作业，教师还能以课本知识为本地讲下去吗？因为这个原因，在精英教育中被教师普遍不屑的课堂组织，尤其是中途组织技术凸显出来了，而且应该成为今天教师专业必备的技术要素。

什么是中途组织？从时间顺序上看，在它前面的课堂组织称为导入，在其后面的课堂组织称为结课，而中间环节的课堂组织就称为中途组织。中途组织是课堂教学组织技能中的一种谋略，目的在于重新点燃学生的兴趣，集中学生的注意力，阻止教学投入的流失，甚至要打捞已经部分沉没的教学成本。

依据教师采用的组织手段，课堂中途组织可以分为硬性的中途组织和软性的中途组织两种。

硬性的中途组织就是司空见惯的口语提示，如“注意了”“请看这里”，或点名遵纪、突然静音，或拍手警示、敲打讲桌、个别惩罚。这些手段虽然即时性好，但是效率却不高，效果也不会持久，而且极易引发学生学习的负面效应。

软性的中途组织多以微视频、PPT、插播音乐或口述故事的形式出现，或者糅合这几种教学手段实施的升级版本。实践证明，这种软性的中途组织不仅容易在对学习兴味索然的学生身上重新激发学生的学习需要，而且还能迅速地挽回学生流失的注意力，从而让课堂获得第二次推力。

如何让厌学的学生产生乐学的兴趣？这种牵引关键在教师的教学技巧上。在每一节课堂教学中，不仅导入、结课重要，而且中途组织更重要。教师通过精彩、新颖、有趣的中途组织技术引导学生的思维随教师做“圆周运动”，这种引导靠的是教师的艺术、技巧。当然，艺术、技巧是为课堂教学主体服务的，是为有效完成任务服务的。

我们很多教师重视导入的趣味性，而往往忽视中途组织的有效性；更多采用中途组织的硬性手段，而忽视了软性手段。我劝教师修炼中途组织，不是说教师不重视中途组织（实际上我们所有教师都非常注重中途组织对教学效果的重要性），而是说教师采用的是硬性方法，对消除厌学情绪无济于事。我强调的是要修炼软性方法，这是教师的短板。正是这种软性手段的艺术性和趣味性是消除学生厌学的最佳策略和方法。所以，我要劝我们的同行重视和研究课堂教学的中途组织。

中途组织方法无穷，研究无限，研而优则用，适合则用。

（2016年1月16日于镇巴县长岭初级中学）

建议八：多思考、多写作

但凡名师，都有一个共同的特点：善于阅读、思考和写作。

阅读可以汲取他人精华，思考可以创新进取，写作可以记录自己的思想。

一般教师要善于写作，不是要成为作家，而是要把自己在教育教学中的点滴故事写下来，把自己的感悟和心得体会写下来，把自己的反思札记写下来。然后，归类整理，进行分析提炼，形成具有自己个性特色的经验成果。写作有两个作用：一是形成自己的教育思想（成果），二是指导今后的教育教学工作。经常写作可以避免把工作中的思考、心得遗忘，可以在写作中总结规律、发现新的心得，进而提高写作能力。通过写作，还可以开阔视野，增强理性思维能力，促进观察思辨能力的提高。

我们要写的东西很多。教育故事要写。发生在校园、课堂中的故事很多，有感人至深的，有反映一般规律的，有蕴含教育内涵的，这些都需要写。教育心得要写。这是我们对每个教育行为发生后的思考，产生于我们内心，它是真情实感，都需要写。教学后的反思、备课中的札记要写。这是教学后备课，是课堂教学的补充和提升，都需要写。所有这些都写下来，就是我们思想的迸发、心灵的倾诉、能力的提升，是促进教师专业发展的必备之需。

写作，有灵感就写，有想法就写。我们不是为了写作而写作，而是有感而写、有思考而写。写作不是作秀，而是要写出真、善、美，要写出自己的心灵、思想。

写作，不能抄袭。抄袭的内容不真实、无灵气，永远不能形成自己的思想和特色。因为，它缺乏思想基础——真情、真悟。只有是自己悟出来的，才是自己的，只有自己的感情表达，才带有自己的思想“标记”。

教育教学这个行业，千人千种教，万人万个法。因为每个人都有自己的标识和灵气，就和全世界人的DNA都不一样是一个道理。所以写作要自己动手写，抒发自己的灵感。

写作，要成为一种习惯。写作之前，要善于记录。写作实际上是对记录进行深加工。平时养成观察和记录的习惯，我们身边能观察和记录的东西很多。教师的、学生的，课内的、课外的言和行，都需要观察和记录。长期坚持下来，把自己的写作归类总结，这就是自己的成果。

我们很多教师退休了，什么成果也没有，似乎碌碌无为，并不是他们没有思考，而是缺乏总结和写作。

所以，我奉劝同仁不要懒笔，要让阅读成为生活，让思考成为品质，让写作成为习惯。

（2016年1月20日于镇巴县长岭初级中学）

建议九：研究和制作微课

微课，是教育革命的新动力，是对课堂教学产生的又一次冲击，将会是教育革命的又一个里程碑。

自2011年，微课这个舶来品进入中国，才短短四年多时间，已经深受中国教师、学生、家长的青睐并生根发芽。微课在教育发达地区已被广泛应用。

什么是微课？微课就是教学目标明确单一，内容短小，以视频为载体，时间在8分钟左右的小课程。微课能在中国扎下根来，显然是遇上了新课改的好机会。微课充分张扬了“微”和“课”的双体功能，承袭了十年前那种“小课”的优势，从而完成了又一次创新。我个人认为，不久的将来，各级授课形式有可能改为微课形式。

微课的最大价值在于对“微”和“课”的整合，它以“微”充分利用学生的注意力，以“课”充分彰显教师的主导作用，更巧妙的是在于它充分地利用信息技术实现了课堂的翻转，促进了大课堂教学的革命。

微课不仅可以对课堂进行翻转，还可以翻转班会，将班会主题制作成教育轶事，任何师生都可以像翻转课堂那样利用不同的终端（笔记本、手机、MP4等）在任何时候进行在线观摩、品评和研究。

相对于东南教育发达地区，我们西部地区的教师对微课还很陌生。任何一个新鲜事物的出现，我们先要了解它、走近它，并在主观上接纳它，才有可能研究和应用。我撰写了一篇《“微课”初探》发表在国家核心期刊《中国教育指南》2015年第12期，这篇文章可以帮助教师初步了解微课。关于对微课的深入了解，教师可以在网络和书店查阅。微课的应用已在我国教育发达地区广泛应用，我们西部地区对微课的广泛应用为期不远了。所以，我们西部地区的教师不能等待，应提早研究，并学会制作。机遇总是挑战无准备的人，机会总是留给有准备的人。我们要适应未来课堂教学改革的挑战，就应站在改革的浪尖上前瞻远眺，要有预见性，时时观察教育教学改革的“风标”，适应改革、创新改革。

微课的应用，必然是一种趋势，也将会成为一种常态。我们现在虽然还没有广泛应用微课，但不久一定会广泛应用，只是时间上早与晚的问题。为此，我们应该在思想上和行动上有所准备，提前了解、接纳和研究它。

微课时代，我们拭目以待。

（2016年2月1日于镇巴县长岭初级中学）

建议十：讲好我们的教育故事

辍学现象在当今时代的大城市可能少见，但在农村学校仍很严重，原因是多方面的。有社会、家庭、学生本人方面的原因，也有学校方面和教师方面的原因。我在这里不探讨辍学的原因，而是要劝导教师研究教育故事。

为此，先探讨一下“隐性辍学”。“隐性辍学”在大城市学校和农村学校都很普遍。什么是“隐性辍学”？“隐性辍学”是指学生在学校教室里，而心却在学校外，其具体表现就是厌学。这在当今的中小学是随处可见的一种负面现象。辍学之所以是隐性的，是因为今天的《中华人民共和国义务教育法》要求适龄儿童必须到学校读书，不能“隐于野”“隐于市”。因此，那些不想读书又不想给家长添堵的少年儿童只好无奈地“隐于堂”了。

随着学龄的增长，这种“隐于堂”的现象日益凸显，在中学显得较为严重。读书与厌学本来没有什么必然联系，但就是枯燥的课堂与沉重的学业负担将二者联系在一起了，以至于形成一种新的“病毒”，在许许多多的校园里扩散，成为侵蚀学生人格、耗费教育资源的罪魁祸首。

我们都知道，无论是社会还是家庭，对于每个学生的期望都是殷切的；我们还知道，每个学生都有一个五彩的梦想；我们更知道，所有的教师都想尽毕生之力托起每一个学生，让他们都能成为明天的太阳。在这些美好愿望的交会处，谁都希望有一架可以通天的梯子。

可是梯子在哪里？许许多多的教师在质询、探索、实验、反思，就是在这些不间断的寻觅中，教育大师找到了一个载体——教育故事。

教师要进入专业化发展层面，这已经是时代的要求。因此，教师不能不讲教育故事，不但要“讲”，而且要研究教育故事。因为，教育故事与乐学是一对孪生兄弟。正因为这样，它才受到学生的普遍欢迎，教师岂能不知？然而，我们在教育实践中往往疏远了教育故事，使课堂枯燥乏味，缺乏生机。

我们的校园里是有故事的，我们的每一位教师和学生都是有故事的。因此，我们教师要善于“储存”和“生产”这些草根故事，并针对学生的心理问题和表现行为，不断地将这些草根故事进行采集、整合、开发，应用到我们的教育生活中。在我们的教育生活中，有学生的价值观缺失问题、有意识偏差问题、有厌学问题、有言行幼稚问题。无论是哪种问题都需要我们教师去扶正或纠错，而学生又是最喜欢“听”故事的，将教育目的融入故事中，用故事来调动学生的兴趣，用故事来调节师生间的“不协调”，我们的教育目的就容易达到，课堂就活跃有生气了，学生就乐学了。

在课堂教学中穿插教育故事，并不是要偏离主题，而是要通过简短有趣的故事调侃，调节学生厌学的情绪。这不但不会影响课堂主题，还可以挽回教育资源的流失。

在班会中播讲教育故事，成为班会的主旨，更容易达到教育目的。

在课外宣讲教育故事，其育人效果远大于直接说教。

我们研究教育故事，不仅要研究古代的、名人的故事，还要研究典型的、身边的故事，因为学生感受最真切、最深。

擅长研究故事的人，往往是年长者和远行者。年长者丈量了时间，远行者丈量了空间。他们是时间和空间的见证人，也就是故事的持有者。作为文化传承者的教师，就应当成为这样的人。

（2016年2月10日于镇巴县长岭初级中学）

教师的专业成长和职业幸福

教师的成功是创造出值得自己崇拜的人。先生之最大的快乐，是创造出值得自己崇拜的学生。说得正确些，先生创造学生，学生也创造先生，学生先生合作而创造出值得彼此崇拜之活人。

——《陶行知全集》第四卷第3页

先生既没有进步，学生也就难以进步了。

——《陶行知全集》第一卷第20页

带着思想进课堂，形象地说，就是使学生感到惊讶。学生在接触到浩渺的知识海洋时，应当体验到惊讶的感情，发现自己并不是微不足道的一粒尘埃，而是勇敢的航海者。课堂应当用投身这个海洋所必需的勇气鼓舞他。

——《苏霍姆林斯基选集》第5卷第766页

教师成长的八大要素

通过参加省教育厅组织的“省级学科带头人高级研修班”培训，我有以下八点感悟。

一、教师成长的前提条件——先进的理念

名家名言：观念不转变就成“难民”。（陕西师范大学教授贺卫东语）

我们在接受培训期间，每一个专家首先强调的问题就是理念问题。因为理念是指导一个人行动的思想，是指挥棒，决定行动的成果质量和成败。对

于一名教师的成长来说，在不同时期、不同方面应该有不同的理念，但是这个理念必须是先进的，至少是与时俱进的。如果总是守着一个理念一辈子走下去，那一定不可能成长。

二、教师的得道之路——师德修养

名家名言：师德修养是教师的灵魂。（陕西师范大学教授杨泳语）

我们聆听了陕西师范大学杨泳教授的讲座“教师职业道德”，我理解了两个问题：①为什么要加强师德修养；②教师如何加强师德修养。通过杨教授充实而生动的举例、风趣幽默的肢体语言、精彩的演说，我们再次领悟到了加强师德修养的重要性、必要性、时代性。

杨教授从道德起源讲到师德、师德的特殊性、道德规范、纪律、法律，再讲到时代对教师的要求。我们明白了一个关于师德的道理：追求师德“底线”是危险的，要守住师德“底线”，追求师德“高线”。因为“底线”是“红线”，是边缘线，那不是应该追求的，而是应该远离“底线”积极向上。我们追求的“高线”就是遵纪守法、品德高尚、修行高远、才渊识博。

加强师德修养的价值取向应以社会满意、学生满意、家长满意、领导满意、学校满意和教师满意为标准。

加强师德修养应以《中小学教师职业道德规范》为准绳，要做到爱国守法、爱岗敬业、关爱学生、教书育人、为人师表、终身学习六个方面。教育学生时要学会赏识、学会沟通、学会对自己的教育言行的反思、学会听评课、学会关爱、学会学习、学会自我认识、学会感恩。

杨教授说得好：“修道的价值在于生长，生长的关键在于坚守，坚守的期盼在于收获。”

让我们在修德、生长和坚守中收获体面和有尊严的人生。

三、教师的成才之路——专业发展

名家名言：教师成名，首先要成才，成才之路在于专业发展。（华东师范大学客座教授程华语）

教师专业发展之路之一：校本研修

我们做校本研修要解决三个问题：①校本研修的基本理念是什么；②校

本研修什么问题；③校本研修的操作措施是什么。

通过聆听张迎春教授的讲座，我们感悟到：校本研修的基本理念是在学校中、基于学校、为了学校。

校本研修什么问题包括了研究课程标准、有效课堂的途径、教材教法、备课、听评课方法、作业批改策略、班主任工作策略、德育策略、校园文化、安全管理等。

校本研修的操作措施落实于自学自修、反思总结、专家讲座、名师引领、同伴互助、反复实践、聆听他言、虚心请教。

教师专业发展之路之二：形成教师个人的教育哲学

华中师范大学王坤庆教授讲道，哲学这个概念没有对或错的区别，只有信仰、观念不同而产生价值观不同的区别。我们每个教师只有在思想上、观念上追寻自己的教育思想和教育哲学，才会有教师专业发展的成功。作为教师，有什么样的教育哲学就有什么样的教育实践行为。教师个人的教育哲学就是教师最根本的教育观念，是教师的教育灵魂所在。

哲学上的唯物主义主导的是科学精神，更多地强调用科学精神、方法、理论去训练学生的科学思维。而哲学上的唯心主义主导的是人文精神，更多地强调尊重学生的个性、人格，发展学生的精神世界，使学生成为精神丰富、人格高尚的人。

所以，好教师是善于发现学生优点的教师，智慧的教师是善于激发学生自我教育的教师。好教师在于善于促进自身专业发展，解放学生的学习时空，促进学生全面发展。

四、教师的成长之路——当好班主任

名家名言：没有爱就没有教育。（著名教育家陶行知语）

我们在学习过程中，大部分教授和专家都讲到了班主任的重要性，特别是参观的九所学校校长都强调了班主任是学校发展的栋梁。实践证明，真正的教育专家都是优秀的班主任，是班主任的历程锤炼了教师的成长。

班主任工作理念：以身作则，勤字当先，爱心永恒。

至于班主任的工作方法，大家懂得很多，我不再一一赘述。

五、教师成长的捷径——课题研究

名家名言：没有研究就没有发展。（陕西师范大学教授张迎春语）

课题研究是当今教育特别重视的问题，因为它既是教师成长的必经之路，也是教师成长的捷径。但是，在基层会做课题研究的教师很少。陕西省教育科学研究所副所长秦德增教授分析了当前课题研究中存在的问题：①研究问题大而空（不懂研究）；②重申报轻研究（态度有问题）；③研究方法简单移植（方法有问题）；④研究过程不扎实；⑤研究报告撰写不规范（不会）；⑥网络下载，抄袭严重（还是不会研究）；⑦研究成果重理论轻应用，成果转化不够（功利性研究）；⑧成果质量低（研究水平低）。

我想，我们许多教师不会做课题研究的原因，可能很多就是属于秦教授分析的原因。当然，也有重视不够的原因。所有的教育大家都是课题研究的高手，都有重要的课题成果呈现。我们可以通过宣讲这些教育大家的成名之路，让全体教师明白：课题研究就是教师成长的捷径。

课题研究理念：问题即课题，过程即研究，结果即成果；问题在课堂中，问题在经历中；从小问题切入，做大问题研究。

六、教师成长的要道——听评讲课

名家名言：教师职业的成功要借助学生的成功。（陕西师范大学教授贺卫东语）

学生学习成功的主要阵地在课堂，教师的主要阵地也在课堂，所以，课堂就是“工厂”，教师就是“加工者”，学生就是“产品”。“加工者”的技术如何要通过“产品”来体现。那么，教师的“加工”就是通过讲课、听课、评课来实现的。我们在学习中领悟到很多专家强调听课和评课的方法问题。实践证明，科学听评课、重视听评课、虚心听评课是教师授课进步的重要阶梯，是教师成长的要道。

陕西省第二批学科带头人有257人，有80%是省级教学能手，教学能手肯定是从课堂走出来的，这就说明听、评、讲课的重要性。

七、教师成长的追求——有效课堂

名家名言：没有一种最佳的教学策略适用于所有的学科教学。（陕西师

范大学教授贺卫东语）

我们现在的教学实际中，各地、各校全体教师都在追求有效课堂，那么，有效的标准是什么？谁能给出一个相对标准的答案。陕西师范大学教育学院教授陈晓端说“不能”。他是专门研究教学论的，他不能，我们更不能。我想，有效课堂应该是我们教育者共同追求的理想目标。而实际上，我们能做的，首先是要尽可能避免无效的备课、导语、提问、重复、作业等，能把这些无效的行为减少，就实现了有效教学。所以，要实现有效课堂，我们全体教师必须研究如何减少无效的行为。

要实现有效教学，陈教授建议我们追问五句话：①我教的是什么；②我为什么这样教；③我教的是谁；④我如何教；⑤我为什么用这些方法教。如果弄清楚了这些问题，我们的课堂可能基本实现了有效教学。我们要守住课堂教学的底线——有效。

我们只要有一以贯之的有效课堂，课堂教育教学成绩就不会差。实践证明，成名教师追求的就是课堂教学的长期有效。

八、教师成长的引领者——名师工作室和学科工作坊

名家名言：以有为争有位。（陕西名师侯晓田语）

我这里列举两个典型案例。

案例一：

我们参观了西安市阎良区西飞一中侯晓田老师的“学科工作坊”。通过听工作汇报、参观工作室等，我有很深的感受。

侯老师是陕西省优秀教学能手、省级第一批学科带头人，她经历了一个艰辛坎坷而又快乐的人生历程。

她利用“学科工作坊”培养了20名省市区级教学能手、学科带头人、名师等，带动了一大批优秀骨干教师，有力地促进了西飞一中的教育教学质量的提高，使西飞一中在西安市综合考评中获得第六名。这些成绩的取得当然主要是西飞一中全体师生的共同努力，但也离不开侯老师的引领示范作用和模范带头作用。侯老师珍惜机遇，迎难而上；怀抱梦想，信念先行；找准载体，全力以赴；不辞辛劳，坚守如一。遇到困难和挫折，她总是乐观的、微笑着迎接挑战。这样的人生观和处事态度让我们所有观摩的教师深受感动，为她百折不挠的精神而感动，为她为梦想而追求的信念而感动，为她的事业

幸福而感动，为她的乐观人生而感动。

案例二：

我们聆听了渭南市教育科学研究所副所长、正高级教师郭九胜老师和渭南市高新中学副高级教师魏玉龙老师关于“学科工作坊”建设的经验报告，很受启发。

两位教师都是陕西省第一批学科带头人，他们介绍了在第一批学科带头人培养期间的精细工作情况，他们凭着“要做好”的信念，静下心来，做了大量的细致工作。在课题研究中深入调研，精选第一手资料，全面总结，把课题做得细腻而“肥大”，证据充实，成果显著。在做学科工作坊时，广招精选坊员，按周密的计划有条不紊地开展工作，坊员例会按时召开，认真研讨，落实责任，解决问题，带动了一大批坊员的专业成长。有些坊员成长为省级第二批学科带头人，有的坊员成长为市县级教学能手、学科带头人或名师。他们扎实的工作态度、吃苦耐劳的工作精神、高尚的做人情操、传帮带的专业理念都让我们深受感动。

实践证明，“学科工作坊”的成功建设，可以帮助一大批教师成长，可以发挥以点带面的辐射作用。

通过这次培训，我们首先要肩负引领、示范作用等历史使命，珍惜这样的好机会，坚守信念，不骄不躁，在认真做好自己的本职工作的同时，做好教育问题研究和专项课题研究；利用“学科工作坊”做好引领、示范作用，把我们学到的先进理念、好的教学方法带给我们周围的教师；在工作中利用同伴互助，资源共享，让我们的同伴携手共同前进，微笑着、快乐着在教育生涯中稳健地行走。

教师生涯要致力于实现二次成长，做一名追求教育本质、探索未来教育、绽放时代价值的幸福教育者。

（2016年4月发表于《中国教育指南》）

年轻人是事业发展的希望

近一段时间我经常听一些年轻教师的常态课，虽然他们的课还有许多缺点，但是我看出了他们对工作的热情、对事业的追求、对课堂的精细打造、对学生的热爱、对教材的探究，还有虚心的态度。具有这些品质，是年轻教师的可贵之处。我每听一节课，都诚恳地指出优缺点，这些年轻教师都能及时改正，到听他们的下一节课时，发现上一节课中存在的缺点基本没有了，这就说明听得进、改得快。有这样的品质和习惯，不愁年轻教师不成才啊！

我们任何一个单位、一个行业，总是有老有少有中坚力量，一般来讲，大部分老同志因各种原因做事的能力降低了，而年轻人又缺乏经验或缺少引导，工作成绩肯定较差，所以中坚力量是一些青壮年同志。一个单位、一个行业要得到可持续发展，至关重要的是充分发挥中坚力量的作用，不断培养年轻人作为后备力量。如果对年轻人的培养放松或不注意，这个单位就有可能走向低谷，这就是单位的悲哀。所以，我们要重视和加强对年轻人的关怀、引导、锤炼，这才是一个单位的希望。

培养年轻人的工作任重而道远。首先，每个年轻人都要认识到发展自己的重要性：发展自己、成长自己是自觉的行为，是自己成就职业幸福、实现事业梦想的必由之路。其次，年轻人要树立信心，持之以恒，有勇攀高峰的决心，勤奋努力，永不言败；再次，所在单位领导要有这方面的认识与觉悟，培养年轻人是事业兴旺、实现可持续发展的必经之路，为储备中坚力量做准备；最后，单位或行业要有培养年轻人的计划和制度保障，从制度层面保证可持续发展战略的实施。

我们每个年长的人都经历了年轻的过程，知道年轻人的无知、轻狂、盲动，同时也知道年轻人的热情、渴望、梦想，所以我们年长的人要多给予年轻人理解、宽容、指导，相信我们是他们的影子，他是我们的未来。每个中坚力量都应把自己的成功经验分享给年轻人，让他们少走弯路，尽快成为了不起的接班人。每个年轻人都要剖析自己的不足，贵在虚心，勤奋钻研业务，多读书，多反思，勤写作，上进是年轻人永恒的话题。如能这样，我们的事业将兴旺不衰，每个人都将永远自信、永远幸福。

因此，年轻人永远是事业发展的希望！我为年轻人点赞！

（2018年4月25日于镇巴县泾洋中学）

名师之“名”在何处

2018年4月17日9：00，在我校八（13）班聆听了来自江苏省南通市通州区的正高级、特级语文教师丁卫军上的示范课——怎样写作文；14：00—17：00又聆听了丁老师的精彩讲座：“改造写作教学——让写作教学看得见”。

丁老师微笑着走入教室，先是做了自我介绍，“我是江苏省通州的丁老师”，随即在白板上写下了“南通州”三字，大声道“南通州北通州南北通州通南北”，一名学生思考后答到“东当铺西当铺东西当铺当东西”，满堂响起了热烈的掌声。而丁老师就在这有趣的掌声中开课了。

丁老师提出问题：“同学们，现在对我的印象如何？给你8分钟，请用150字描述。”这是一个发散性思维的作文，学生经过8分钟的积极思考写作后，丁老师让8位学生展示了自己的精彩描写，有写动作的，有写语言的，有写外貌的，有写思维活动的，有综合写的。丁老师的评价方式有让学生自评的，有学生互评的，有老师点评的，亮点多多。丁老师通过对学生作文的点评，一一道出写作文的方法——如何描写人物？如何描写动作？如何描写情境？学生也在快乐中学习了写作文的方法，体会了写作文的乐趣。

丁老师一反常态作文的教学方式，让学生在生活中作文、在情境中作文，因为作文素材来源于生活。丁老师导入课的方式既特别也很自然，在点评中语言严谨、风趣，这彰显了丁老师的语文功底之深，平常修炼之严谨，对语文学科的热爱，对语文教学的研究的深入。这就是名师之“名”。我们通过这些细节再次感悟了“冰冻三尺，非一日之寒”“台上一分钟，台下十年功”的真谛，这就是我们要领悟的。

在下午的讲座中，丁老师就“改造写作教学”进行了细致的讲解，从教学实例谈到教学方法，从对学生作文的指导和批阅谈到对学生人格的塑造，讲得有“骨”有“肉”，让听者耳目一新。

丁老师在讲座中提到的许多观点是我们值得借鉴和学习的。他在教育教学观念上主张“教育要寻找良心，这是教书的使命”“教学贵在反思，要高瞻远瞩”“对学生要关心要严格”；在教学方式上主张“启发诱导”“要善于引导学生发散思维”“多读多写”；在做人态度上他说“是学生成就了我，是前赴后继的学生把我托高了的”；在对他的讲座看法上希望同仁“不要带着屁股来听讲座，要有批判精神，要有自己的主张”，这是实事求是的精神，是一分为二的态度。这些就是名师的治学态度和做人道理，正是这种谦逊的态度和求实的精神支持名师成“名”。

名师成“名”，“名”就在：有一颗善良的心——爱心，有严谨治学、求实的态度，有不苟同于人、独树一帜的思想，有善于总结、细心观察的品质，有坚韧不拔的精神，有不断进取的毅力，有好学的热情，有高瞻远瞩、不计得失的境界，有豁达、不计个人恩怨的胸怀，有远大的志向，有善于思考和写作的习惯，有累累硕果。

（2018年5月发表于《中国教育指南》）

再论名师的成就之道

任何一名教师要成为名师，道路都是坎坷的。不仅要有成为名师的理想，更重要的是，要有成为名师的行动；不仅要有很好的导师引领，还要有虚心的态度和吃苦的精神去求学。我以自己30年的教学经历和教育教学经验再谈一谈名师的成就之道。

一、教师要尊重教材

教师首先要开发、调整或改变教材，确定教材，然后再去考虑用什么方法去教学。可以发现，几乎所有的好教师都是以课本为蓝本又重新调整或改编课本的；在所有的好教师中，几乎没有一个是照本宣科的。

二、教师要用心去爱学生

教师对学生有言传身教的责任，但并不意味着教师一定要控制学生的一举一动。好教师无一例外是用爱在教育，对学生最好的教育方式是对学生信任而放心、有爱心而放手。

三、教师要对同事友爱而和谐

教师要做到让自己卓越，又能容得下他人；让自己拥有，又能让同事资源共享；做到自己优秀，又能向他人虚心学习；让自己快乐，又不让同事痛苦。

四、教师要善待自己

有合理对待自己的态度才有一种反思提高的心态，才能不断调整自己与同事、与学生的关系。善待自己的家人，就有一股和谐的力量在自己周围“拥”着你，让你心无旁骛、精神饱满地热情工作。

如果想成为一个名师，不依靠组织是不行的，但仅想着依靠组织更是不行的，最重要的还是要依靠自己。我认为以下七个因素是教师成为名师的成长动力。

1. 信念

信念是教师力量的源泉，是工作动力。一个人一旦确立了坚定的信念，就会产生坚韧不拔的毅力和无穷的力量。只要有信念，就会支撑你一路走下去。幸福地做教师，做一个幸福的教师。

2. 学习

任何一个成功的人都是一个勤于学习的人。学习，是在工作岗位中的学习，而不是单指脱产学习；是持久地学习，而不是阶段性地学习；是有准备的学习，而不是盲目地学习；是自觉的学习，而不是被动地学习。要善于读书，读书让你的精神世界充实而更加丰盈。

3. 写作

但凡名师都善于写作。他们的写作是记录自己的教育教学经历，记录自己的思想，记录自己的经验，书写自己的体会和反思，抒发自己的情感，形成自己的教育教学特色。

4. 当好班主任

班主任是学校发展的栋梁，一个学校如果有一群优秀的班主任，那这个学校一定是某区域内的名校。

5. 师德修养

师德修养是教师的灵魂，是教师成长的基石。加强师德修养应以《中小学教师职业道德规范》为准绳，要做到爱国守法、爱岗敬业、关爱学生、教书育人、为人师表、终身学习等。

6. 积累

要善于积累，积累自己的经历——教材、教案、心得体会、教育故事等。成功者都善于做一个教育教学的有心人。

7. 研究

研究是最好的学习，要善于思考（反思）、善于进修、善于写作。研究按研究内容可以分为专题（课题）研究、一般研究、专业研究，无论什么研究，教师都要学会在研究中成长。教育教学研究是教师专业化成长的孵化器，是专家型教师和一般教师在职业角色定位上的根本区别。

我作为陕西省学科带头人，一直努力使自己获得学生、同事、领导以及社会的认可，树立起做一位名师的信念不动摇，努力学习，善于积累和反思，加强研究，相信自己不会辜负“汉中名师”的称号。

（2016年12月发表于《中国教育指南》）

话说教师职业幸福感

孟子曾曰：“君子有三乐，而王天下不与存焉。父母俱存，兄弟无故，一乐也；仰不愧于天，俯不怍于人，二乐也；得天下英才而教育之，三乐也。”其中的“得天下英才而教育之”就是其中一“乐”。由此可见，教师是一个多么让人幸福的职业。

幸福，是指一个人的需求得到满足而产生喜悦快乐与稳定的心理状态。职业幸福感是一种心态，也是教师信念与追求的体现。教师的职业幸福感是教师在教育工作中需要获得满足，自由实现自己的职业理想，发挥自己潜能并能伴随着力量增长所获得的持续快乐的体悟。

一、幸福感的概念

从不同的角度理解一个事物的概念，会得到很多不同的结论。从一名教师的角度来看，能够得到自己学生的认可、肯定和尊重，自身价值在工作岗位中可以充分表现出来，这就是教师的幸福感。

教师的幸福感还可以理解为对工作信念和追求的体现。这是一种积极乐观的心态，这种心态是可以传递的：当你微笑着面对每一个学生，去爱每一个学生的时候，就能收获到学生所传递给你的幸福和快乐。

二、幸福感的来源

有一个学生在教师节的时候问：“老师想要什么礼物。”老师回答说：“最好的礼物就是你现在开始准备，1年、3年、10年后再送给我。”正如那位老师说的，其实教师的幸福来源真的很简单：有些教师觉得幸福感是学生的进步，学生的成就；有些教师认为幸福感是用自己的人格影响学生的一生；还有一些教师认为幸福感就是自己全身心地投入教育工作；甚至有些教师认为幸福感就是陪学生一起克服困难，一起成功。

1. 来源于国家的使命感

教师的责任是教书育人，育人是第一位的。教师职业使命的真谛是引导未成年人或青年人精神世界的生长、生成，启迪他们对于人生和世界的美好情怀，给他们的幸福人生奠定良好的精神基础。少年强，则中国强，少年的成长、成才，毫无疑问是离不开教师的。肩负重任，就是一种幸福。

2. 来源于工作的成就感

教师工作的成败是以学生成才的情况来衡量的，没有哪一位教师不以自己曾经教过某一位在事业上成功的学生而感到自豪。学生取得成绩之日就是教师幸福之时，并且学生的成绩愈大，教师的幸福感愈强。在教育过程中，教师扮演的是引导者、研究者、开发者、学生的朋友等多种角色。教师为了每个学生都能够早日成才，总是默默无闻地辛勤工作，再苦再累仍然无怨无悔，因为他们热爱自己的学生、热爱自己的职业，学生成才就是老师的成就。

3. 来源于学生的感恩

工厂生产出的是各种产品，虽然制作的时候产品不会“反叛”，但是产品没有感情，不会感恩。而教师精心打磨的是学生，培养的是人才，在“生产”的过程中“产品”虽会反叛，但学生是有感情的“产品”。教师所有的辛苦、无奈和承受，都可以从学生对教师的尊重、理解和感激中得到弥补。教师面对的是一群有丰富情感的生命个体，只要教师对学生真心付出，学生就不会忘记这份情感，无论在学校里还是今后走上社会，都会一直怀着这份敬意。在教师节那天，学生对老师的一句问候，都会使教师感到无比欣慰、无比幸福。

三、增加幸福感的方法

近几年，由于教育行业各种因素的影响，我们教师，特别是中小学教师的职业幸福感在不断下降，而且教师长期处于一种身心疲惫的状态。那么，怎样才能提高教师的幸福感呢？这就要从本质出发了。

1. 不要把工作当作全部的生活

不要把教育看作一种牺牲，你要把它当作享受一种创造过程。在我们的教育生涯中，如果有一个明确的奋斗目标，在成就学生的过程中就会增加一定的幸福感和成就感。

2. 关爱学生，帮助学生成长

幸福的教师就是要和自己的学生做朋友，用自己的热情去感染学生，走到哪里就把欢声笑语带到哪里，这样就会活得很轻松、很快乐。《国家中长期教育改革和发展规划纲要》提出“育人为本是教育工作者的根本要求”，提出要以学生为主体，以教师为主导，充分发挥学生的主动性，把促进学生健康成长作为学校一切工作的出发点和落脚点。教师要关爱学生，因材施教，因人施教，为每个学生提供适合的教育，帮助学生成长。当教师把满腔的热情和真挚的爱无私地奉献给学生的时候，教师帮助学生在知识的海洋中遨游的时候，教师把学生送到他们理想的彼岸的时候，学生对教师的感激之情是无以言表的，而教师此时的幸福感便油然而生。我们一定要努力达到这种幸福的境界。

3. 摆正心态，欣赏职业角色

教师这个职业承担着传承文明的社会责任。教师其实也是普通而平凡的一份职业。教师这份职业既没有受人歌颂时那么伟大，也没有被人谩骂时那么卑微。因此，教师不要在光环下迷失自我，更不要在平凡中失去尊严。心态正了，幸福感就来了。

4. 钻研业务，提升自身魅力

想要你的学生爱你，佩服你，一定要有满满一桶水，包含专业知识和对学生的爱。要认真学习专业知识，研究教学方法，把自身有限的知识无限地传递给学生。教师还应该有阳光的心态、广阔的视野、良好的品德、健康的兴趣爱好，这样才能给学生榜样的力量，才能得到学生的信赖和爱戴。如果教师每天面对的是一群热爱你的学生，每个学生都是你的粉丝，你岂有不幸福之理?

四、教师职业幸福感的体现

1. 享受课堂

课堂是教师生命中重要的舞台，一个懂得享受上课的人，课堂便自然会成为其享受幸福的重要舞台。营造一个充满生命活力的课堂，和学生一起痛苦，一起欢乐，你就会少了许多教学的焦虑和烦恼。和谐的课堂是教师幸福感的基本源泉，是教师教学的主要阵地。教师都有这样的感觉：当一堂课和学生处得和谐时，这堂课就上得非常成功，心情也会格外舒畅。

2. 享受学生

教师职业幸福感最重要的源泉是学生的成功和他们对教师的真情回报。徐特立老师曾经说过："教书是一种很愉快的事业，你越教就越热爱自己的事业。当你看到教出来的学生一批批走向生活，为社会做出贡献时，你会多么高兴啊！"是啊，教师为人类播撒着希望的种子，当学生学业取得进步，个性得到发展，为社会做出了贡献时，教师就会体验到职业的幸福感。

3. 享受假期

众所周知，教师每年都有大约3个月的寒暑假。在这些假期里，教师可以享受清闲，享受与家人团聚的快乐，可以阅读，可以外出学习，以提高业务能力，提升教育教学水平，当然还可以旅行，享受大自然的美丽风景。假期给予教师的幸福感是其他职业无可比拟的。

五、教师职业幸福感的缺失

1. 社会对教师的期望过高

社会对教师的期望很高，要求教师在工作中扮演多种角色：传道授业解惑者、学生的保护者、榜样示范者。例如，几年前的"范跑跑"事件，我不是为"范跑跑"之流辩解，但是，人们难免对教师会有更高的要求。为人师表几乎就是教师头上的紧箍咒，其实，教师就是一个普通职业，教师就是一普通老百姓。

2. 人们对教师的认同感下降

为了这份职业的光环，为了国家的责任，为了学生的未来，绝大多数教师都是为人师表，恪尽职守的。但是，无论哪个职业都有败类，教师队伍里当然也有。贪污受贿的有之，剽窃学生成果的有之，跟学生做权色交易的有之。这些负面新闻导致教师在学生和家长心目中的形象大打折扣。

3. 教师的社会地位有待提高

教师在社会上所处的地位比较特殊。从表面上看，"教师是太阳底下最光辉的职业"，实际上，整个社会尊师重教停留在口头上的时候多，实际行动的少。比如教师的待遇，虽有一份稳定的收入，却不尽如人意，特别是有些欠发达地区，甚至拖欠教师工资的事件时有发生。

既然我们选择了做这份奉献的职业，那就做一名幸福的教师吧！只要我们尝到了作为教师的幸福，那么我们便成功了。其实，幸福没有标准，关键是我们自身的感觉。只要我们将教育学生作为幸福，那么我们就找到了教师的真实意义。只要我们不断地向前走，就能够得到幸福，因为学生会用他们最美好的时光陪伴我们。

如果我们把教书当作一种职业，就可以享受课堂带来的亲切感，感知学生目光中的求知欲；如果我们把教育当作一种事业，就可以感受学生成才的光荣感，体验教书育人的成就感，实现自我价值的升级，这就是教师的职业幸福感所在。

（2018年9月10日于镇巴县泾洋中学）

参考文献

［1］张丽杰.在幸福中执教［J］.吉林教育学院学报，2012（1）：86–87.

［2］黄正平.幸福感：教师追求的最高境界［J］.班主任，2003（6）：3–5.

［3］于宝国.谈教师的职业幸福感［J］.中国校外教育，2011（23）：32.

幸福教师的幸福人生

教师的幸福需要自身去创造、去体验。教师要转换思维、献身事业、创新工作，在工作中去体验、感悟、享受教育的幸福。人生幸福与否有六项选择：一是我不能决定生命的长度，但我可以控制生命的宽度；二是我不能左右天气，但却可以改变心情；三是我不能改变容貌，但却可以展现笑容；四是我不能控制他人，但却可以掌握自己；五是我不能预知明天，但可以好好利用今天；六是我不能样样胜利，但却可以事事尽力。做一名幸福的教师，感受幸福的人生。

一、做一名人格高尚的教师

教育是讲良心的事业，需要对每一个学生负起责任、精心培育；教育是为国育才的事业，教书育人是教师神圣的使命，教师要有担当精神，忠诚教育，无愧于心；教育是艰巨而光荣的事业，教师需要终身奉献与智慧创造；教育是滋养生命的事业，教师要欣赏生命、传递美好、健全身心、提升素养、同生共长、快乐成长。

幸福的人生是一心向善的。教育要努力激发精气神、塑造真善美。教师要成为善良的引导者、播种者、传递者和守护者，努力培育学生善良的品质，让善良成为学生共同的一种价值选择，成为人们相处的一种基本行为方式，让善良带给这个社会更多温馨、美好和幸福。

幸福人生要淡泊名利。教育是沉潜的事业，需要弯下身子、沉下心来去研究、去奋斗、去创造、去陪伴。教师要耐得住寂寞，坚守心中的那份宁静，淡泊名利、内心充盈，享受教育的那份单纯与美好。

幸福人生要充满爱心。教师没有爱心，无异于歌手没有嗓音，乐师没有听觉，画家没有色彩感。一名好教师意味着什么？首先意味着他是一个热爱学生的人，把与学生交往当成一种乐趣，相信每一个学生都能成为一个好人，善于和学生交朋友，关心学生的快乐与悲伤，了解学生的心灵，时刻都不忘记自己曾经也是学生。

二、做一名心灵和谐的教师

和谐是宇宙万物存在的内在依据，是生命个体成长的灵魂所系。唯有心灵的和谐，才能体现教师的高贵。

幸福人生是宠辱不惊。大自然既有风和日丽，也有狂风暴雨。教师要优化情绪。情绪不只是一个人健康与否的晴雨表，还是其工作、学习和生活质量高下的试金石。教师要有调控自身情绪的能力，善于把欢笑、快乐、幸福带到工作中、带给学生，传递欢声笑语，享受教育的甜美。

幸福人生是知足常乐。在物质追求与个人名利上，要知足常乐，享受教师职业的那份美好，享受与学生相处、看着学生成长的那份幸福。在事业追求上，不知足亦常乐，不满足于已有成绩的取得，而是努力让自己的今天超越昨天，让自己的明天超越今天，历经坎坷、善于攀登、持之以恒、激情奋斗，努力创造自己生命的冠军。

三、做一名持续发展的教师

教师的专业发展永远在路上。面对一个不断变化的新时代，面对千差万别的生命个体，没有一种固定的教育方式永远有效。教师永远需要学习、需要研究、需要创新、需要智慧、需要艺术，需要不断提升自己的专业化水平。

幸福人生要有绝不放弃的勇气和精神。教师的成长需要时间、需要积淀、需要坚持、需要毅力，因此我们要相信这个世界会给有理想、有追求、有顽强精神的人让路。

幸福人生要有良好的习惯。生活有了规律之后才会有秩序，也更容易成功。教师如果形成每天阅读、写作、反思、创新、锻炼的习惯，有了量的积累，就一定会有质的升华。

幸福人生要能实现文化升值。教师要善于吸收人类的文明成果，要注重吸收中华文化的精髓，修身养性，以文养心、以文化人，让中华文化代代相传并发扬光大。

幸福人生要学会审美。这是超越习惯的一种高层境界，正如孔子曰："知之者不如好之者，好之者不如乐之者。"学习是一种幸福之旅，学习审美不是单一的学习，它是全方位的。每天日出日落，太阳不是重复既往，而是一个又一个新景象的呈现，妙不可言。早晨锻炼时对空气与绿色的感觉，阅读与背诵时对快乐的感受，都可以用美的视角去发现、去感受、去享受。

幸福人生要有阅读。一位教师的精神发育史就是他的阅读史。没有阅读就没有个人心灵的成长，就没有人的精神发育。阅读不能改变人生的长度，但可以改变人生的宽度和厚度；阅读不能改变人生的物相，但可以改变人生的气象与品质。外在的样貌和物质的构成基于遗传而无法改变，但人的精神可以因阅读而蓬勃葱茏、气象万千。教师要努力走进阅读的世界，终身阅读，让阅读丰富自己的精神，涵养自己的品质，提升自身的素养，才能更好地胜任教师的工作，用智慧与艺术推进教育的创新。

幸福人生要有写作。一个教师的专业写作史就是他的教育史。我们的教育生活是由无数的碎片组成的，这些碎片往往会形成破碎的、未经省察的经验，使教育教学在比较低的层面不断重复。而通过专业写作，就能够有效地对经验进行反思，从碎片中提取有意义的东西并加以理解，形成我们的经验融入教育生活，使之成为我们专业发展的一部分，使我们的教育实践更加富有洞察力。这样，这些碎片就可以经过拼合成为美丽的图景，就像散落的珍珠串成美丽的项链，使得教育因此不断升华、超越。

所以我说，有了幸福的人生，就有了人生最大的幸福。

（2018年11月16日于镇巴县泾洋中学）

愿做一名幸福的教师

说到教师的职业幸福，很多教师会说“我们哪里有幸福？只有备不完的课、改不完的作业”。平心而论，我们都有一个痛苦的职业经历，也必须经历这样的一个过程。但是，我们有权利追求、也应该追求职业幸福。只有这样，人生才能快乐，才有意义。

我们要有干一行爱一行的态度；我们要有父母一样的爱心，把学生当成自己的孩子；我们要把工作当成谋生的手段，能把职业当成事业来做更好；欣赏自己，和群大众，和谐友邻；养成读书的习惯，多读书，反思自己；经常写作，学会欣赏和陶醉。

一、做一名纯粹的教师

每天晨起，忘记世俗种种，做一名纯粹的教师，上好每一堂课，善待每一个学生。升职评级加薪那点事儿，该来会来，不来也罢！

二、再忙也要留点儿白

教师的工作就像永不剧终的连续剧，留白，就是偶尔插播几条无厘头的小清新广告，如课间的各式花茶、饭后的健美体操、午时的养神小憩等，都是不错的安排。总要有一些时间，要眯着眼睛虚度，让自己忘了课里课外那些事儿，清空重来。

三、我们不做教书机器

教师最无趣的事莫过于上课照本宣科了。教师上课如大厨掌勺，若不会蒸煎炸煮变花样，顶多就是个平庸的厨师。一生就做一部转个不停的教书机器吗？当然不是！试着把课文读出诗篇的韵味，把几何教出生活的妙趣，再把英语秀出域外的风情万种，把物理画出自然的美景。你教得有趣，学生也就学得过瘾。

四、为自己觅一个小爱好

听说，每个人在成为教师之前，都是一个独一无二的精灵，神采飞扬，也有梦想。做教师，最怕被粉笔灰漂白了一生的五彩斑斓，不论多忙都不要埋没自己的鲜亮颜色。跳恰恰、涂鸦、玩收藏、学琴。总之，小爱好还是要有的，万一能成大气候呢！

五、永葆宽容之心

自古，没有海量就做不了教师，因为你要接纳一群熊孩子大闹天宫。跟学生着急上火，既伤心也伤肝。不如永葆宽容之心，偶尔放他们一马吧！看他们贪玩发呆也是一种风景。教育就是种花、收果，你只管耕耘、播种、除草、施肥，至于阳光、雨露，也得顺应几分天意。

六、不要跪着教书

每年开学，又一拨学生向你奔来，他们一定是八仙过海，各显神通。面对古灵精怪的“孙悟空”，唐僧还能念个紧箍咒，我们却只能为他们读读劝学篇，无奈、无语、无力。但无论如何，教师都要保全铮铮傲骨，不要跪着教书。你不跪着教，学生才能昂起头学。

七、不要错失陪伴家人的时光

我们不仅是学生的老师，还是孩子的父母、父母的孩子。人生这么短，不要错失陪伴家人的时光，因为它是买不到也赎不回的奢侈品。星期天，陪父母买菜，为孩子做饭。不要总说“到时候”，因为，时候很快就到了！

我们虽然每天都是闻鸡起舞，日暮而归，但愿天下教师，一边教书一边幸福！

（2018年12月30日于镇巴县泾洋中学）

为了学生的成长

教人勿赌博，勿饮酒，这都是消极的禁止。至于积极的办法，要使他们时常去做好的事情，没有机会去做那些坏的事情。在学校之中，常常有正当的游戏运动，兴味很好，自然没有工夫去做别的坏事了。

——《陶行知全集》第一卷第267页

教育者的使命就在于去教会孩子们、青少年去追求美好的东西，去逼迫自己思想好，做好事，对自己心灵上的消极和懒惰要有不满感。我们应当启迪自己的学生们有一股精神力量，使他们想成为好人，而且使这种愿望能成为他们自愿的劳动。

——《苏霍姆林斯基选集》第2卷第427～428页

养成教育是教育的关键

一、教育就是养成习惯

所谓习惯，是由无数次的重复或练习而逐步固定下来变成自动化或半自动化了的行为方式。例如，早上早起。第一次早起，一般需要做意志上的努力或他人督促，但坚持几个月乃至几年之后，就习以为常了。每天清晨，自动早起，不按时起来反倒觉得浑身不自在、心里不踏实。一个勤劳成习的人，突然让他闲着没事做，他甚至会生病。由此可见，习惯不是与生俱来的，而是后天慢慢形成的。形成的原因和方式有两种：一种是不自觉、下意识地重复同一动作所致，另一种则是通过有意识地练习达到的。这就给我们教育工作者提出了一个重要的课题：如何通过有效地培养和训练，使少年儿童从小养成良好的行为习惯，克服不良行为习惯。而这，正是养成教育的基本内涵和主要任务。

养成教育对少年儿童身心的发展有着特别的重要性。许多事实表明，一个人的一些行为习惯是在一定的年龄段形成的。错过该年龄段，再加以培养，往往事倍功半，难以奏效。少年儿童正处在身心迅速发展又极具可塑性的阶段，是施教的最佳时期。紧紧把握住这个有利时期，培养他们良好的学习、生活和文明礼貌等习惯，不仅对他们现在的和谐发展起很大的促进作用，而且会使他们终身受益。少年儿童是祖国的未来和希望，他们养成了良好的行为习惯，对于提高整个中华民族的素质和文明程度，也会起很大的推动作用。

养成教育渗透于德、智、体、美、劳诸育之中，并对它们产生积极的影响，尤其对少年儿童的德育影响更大。我们知道，学生思想品德的形成过程是知（道德认识）、情（道德情感）、意（道德意志）、行（道德行为）的和谐统一，不可或缺。也就是说，我们在对学生进行思想品德教育时，要诲之以做人的道理，动之以真诚的情感，锻炼其坚强的意志，引导其正确的行为。但在实际工作中，可以而且必须因对象、背景、条件的不同而有所侧重和有先后之分。对少年儿童来说，不但要突出“行”这个要素，而且要从“行”的培养入手。当然，与此同时，要辅之以其他方面，防止机械主义。北京某实验小学校长讲过一句话：“小学生的思想品德教育，说到底，主要是培养学生良好的行为习惯。”这个见解是很深刻的，完全符合少年儿童德育的特点。

二、抓好养成教育在当前尤为重要

1. 强调养成教育，这是从当前学生的实际出发而提出的

就普遍的学生状况而言，学生的文明道德习惯、学习习惯、健身习惯、卫生习惯的现状是不能令人满意的。造成这种状况的原因是多方面的，但更重要的是我们教育自身存在的问题。例如，我们的有些工作调子很高，但脱离学生的实际；有的工作只重形式，不求实效；还有我们对养成教育在落实素质教育中所起的作用认识不足等。

2. 强调养成教育，这是从基础教育的任务出发而提出的

中小学教育的根本任务是全面提高学生的思想道德素质、科学文化素质、劳动技术素质和身体心理素质。因此，在中小学阶段要着重强调教育学生“学会做人、学会求知、学会明理、学会健体”。这几个“学会”是和养成教育紧密相连的，只有真正抓好了养成教育，打基础的任务才能完成。

3. 强调养成教育，这是贯彻教育方针的需要

养成教育不仅是德育范畴的内容，而且也包含了智育、体育等方面的内容。思想道德素质包括思想面貌、政治观念、道德品质三个方面。一个人的道德品质是通过他的道德行为来表现的，而道德行为是和一个人的道德习惯紧密相连的。科学文化素质包括的内容是非常广泛的，而良好的学习习惯，对一个人的科学文化素质的提高有着深远的影响。学习习惯主要包括：集中注意力专心听讲；能针对不同的要求，采用多种方法阅读；乐于和善于思考、总结；勤于自学；善于观察、乐于动手；等等。身体心理素质所包含的重要内容之一是使学生养成健体的习惯及卫生习惯。这个习惯一旦养成，学生将终身受益。所以不应把养成教育仅仅理解为贯彻《中小学生日常行为规范》的内容，而应把它提高到贯彻教育方针的高度上去认识。

4. 强调养成教育，这是提高民族素质的需要

《中国教育改革和发展纲要》指出：“教育改革和发展的根本目的是提高民族素质，多出人才，出好人才。”教育担负着提高民族素质的重要任务。一个民族的素质所包含的内容是极其广泛的，但是在评价一个民族的素质时，往往是通过这个民族多数人所表现出来的行为习惯而获得感性认识的。例如，日本、韩国、新加坡等国家人们的文明礼貌及爱护环境的卫生习惯，德国人守时办事严谨、负责的习惯等。因此，抓好养成教育对于提高整个民族的素质起着至关重要的作用。有人认为，学校强调养成教育，似乎学校的教育标准不够高。我不这样认为，理由已在上面说过，这里不再重复。另外，我们真正做到所培养出来的学生在德、智、体等方面都具有良好的习惯，这绝非轻易之举，也绝非标准不高。

（2019年3月5日 于镇巴县泾洋中学）

养成教育是什么

一、养成教育的内容要规范化

《中共中央关于改革和加强中小学德育工作的通知》（以下简称《通知》）中明确指出："要制订并组织试行中学生和小学生的《日常行为规范》，使学生牢记规范要求，逐渐养成文明的行为习惯。"《通知》要求我们，养成教育规范化。

养成教育的内容很多，其中有一些经过筛选，把最重要的一些要求制订成规范，是最基本的东西，要求每个学生都要做到，并逐步养成习惯。现在教育部已制定出《中学生日常行为规范》和《小学生日常行为规范》（以下简称《行为规范》），对我们把养成教育规范化、科学化起到很大的作用。我们必须在中小学生中认真贯彻，使中小学生的行为习惯得到更好的培养。

贯彻《行为规范》的目的是培养学生良好的习惯，使学生的行为规范化。它明确告诉学生，哪些事应该做，哪些事不应该做，哪些话可以说，哪些话不可以说。实际上是给学生提出了明确的要求，让学生养成规矩。教育就是要把人类积累的社会文化和规范意识传给下一代，用人类的基础文明去武装后代。这些规范就是力图建立起学生生活的规范体系，以使养成教育规范化。

二、养成教育要近一点、小一点、实一点

在家庭教育中存在一个误区，即"成人化"倾向。一些家长望子成龙心切，对孩子提的要求和标准过高、过于抽象，脱离了孩子的年龄特点。针对这一误区，我认为教育要近一点、小一点、实一点。所谓近，就是要求要离孩子实际生活近一点，不要好高骛远；所谓小，就是要求要小一点，以小见大，不要搞"口号式"；所谓实，就是要实在、具体，不要过于抽象。总之，我们在培养孩子养成良好的行为习惯时，给孩子提要求要尽量看得见，摸得着，具体、形象、直观。提出的要求要明确而不含糊，具体而不抽象。只有做到近、小、实，才符合孩子的年龄特点，才便于孩子理解、掌握、执行。

例如，尊敬长辈是我们培养孩子良好习惯的一项重要内容，可“尊敬”是一个抽象名词，我们必须把它具体化。

（1）听长辈讲话时要认真，不东张西望，不插嘴。有些孩子听大人讲话时很不认真，心不在焉，甚至不耐烦、乱插嘴，这个坏习惯一定要矫正。

（2）长辈批评时不顶撞，可以解释，但不许撒野。有些孩子听不得批评，一批评就要闹，家长不能妥协，要坚持正确的意见，使孩子从小养成谦虚的习惯。

（3）和长辈谈话时要和气、礼貌，不高声大喊。有些孩子在家说话又喊又叫，家里音调最高的就是孩子，总想压倒别人，以自己为中心。家长要培养他们讲话要温和一些，讲究礼貌。

（4）见到长辈要主动打招呼，学会使用文明用语。国外一些孩子回家都说一声“我回来了”，咱们的孩子回家却不吱声。家长要培养孩子主动打招呼的习惯。

（5）自己提出的要求父母没答应，不许撒娇、耍横。有些孩子说一不二，让家长买什么就得买什么，不然就闹。这很不好。现在家庭条件比以前好了，但也不能什么要求都答应。孩子提十条要求，我们不能全满足，也要留二三条不满足，让孩子学会节制欲望，不能什么都依着孩子。

（6）有了好吃的知道先让长辈。有些孩子吃东西特别“独”，只顾自己，不顾他人。家长在家里不要什么都紧着孩子吃，而应与孩子分享。无论家长想吃不想吃，爱吃不爱吃，舍得吃舍不得吃，都要和孩子分着吃，要培养孩子心里想着长辈、装着他人的好思想。

（7）要帮助家长干力所能及的活。有些活学生可以干，家长不要舍不得，要锻炼孩子的动手能力。常帮助家长干活的孩子才懂得父母的辛劳，才与家长更亲，长大了才会尊敬父母。

（8）长辈累了要知道热心照顾，如倒杯茶水、送双拖鞋、递条毛巾等。

（9）长辈病了要主动端水送药，耐心照料。

（10）长辈心情不快时，应主动去安慰。

这样要求的“尊敬”就不是抽象的概念了，而是看得见、摸得着的。

对学生提要求要近一点、小一点、实一点，可有效防止“成人化”倾向，希望家长在培养孩子良好的行为习惯时注意这一点。

习惯的培养必须做过细的工作，要严格要求、严格训练。例如，生活讲秩序，当家长的要给孩子立规矩，反复训练。首先，放东西要有固定的位置。学生回家后书包、大衣都要各就各位；晚上睡觉时，衣服、鞋也要有准确放置的地方；看完的书要码放整齐；玩完的玩具要放在固定之处。其次，晚上睡觉前整理一遍书包。按第二天的课程表，第一节课用的书本放在第一层，第二节课用的书本放在第二层，诸如此类。天天晚上整理，时间长了自然会养成习惯，不整理书包就睡不着觉，保证上学不会忘记带东西。最后，要把孩子衣兜管起来，不允许乱装东西，如左上衣兜插钢笔，左下衣兜装手绢，右上衣兜装钱包，裤兜装钥匙。

近、小、实有利于《行为规范》的贯彻执行，它能使《行为规范》更贴近学生的生活，更形象，更易于学生接受。当然，近、小、实并非琐碎化，我们在教育的过程中还要注意教育的系统性，力争使之既具体又系统，以便于教育的整体升华。

三、养成教育的内容要序列化

养成教育的内容是科学的、有序的，这个“序”是科学的、客观存在的。因此我们必须研究这个“序”，揭示出这个“序”，并按这个“序”安排内容，使养成教育更科学、更完善。

养成教育是整个德育序列的一部分，它的最终目的是实现人的社会化，是完善人格，是提高人的道德品质和思想、政治素质。人的成长是有序的，养成教育当然也是有序的。它各部分都有自身的功能，同时又有密切的内在联系，如果我们不按其系统安排教育内容，就会使养成教育成为一种无序、混乱的教育，就会破坏养成教育的科学性，降低养成教育的效果。

事实上，我们不少家长忽视了养成教育的“序”。社会上搞文明礼貌月，我们就抓礼貌习惯的培养；社会上搞“五讲四美”周，我们又赶紧抓行为美的培养。突击性、运动式打乱了养成教育的“序”，似乎只要搞搞突击，人的行为习惯就能完好形成，其实这是违背科学规律的，这样的养成教育如同一阵风、一阵雨，只是湿了地皮，并未使良好的行为习惯在孩子的身上生根。为了使孩子的好习惯能真正培养起来，就要改变无序的状态，把养成教育按照科学的“序”进行排列，使它如同数学、语文的教育内容一样，各年级有明确的训练内容。一年级培养什么习惯，培养到什么程度；二年级培养什么习惯，培养到什么程度，依次类推，把它排出序列，这样我们能按部就班，有计划、有目的地培养。当孩子长大时，已完成了起码的、序列的行为习惯训练，像完成数学、语文教学大纲一样，我们也完成了养成教育的“大纲”要求。

养成教育要序列化，是因为学生成长是一个有序的过程。任何一个学生的成长都是一个循序渐进的过程，养成教育也是一个由浅入深、由近及远、循序渐进的过程，如果违背了由低到高这个“序”，就会妨碍学生成长。所以在教育实践中，我们必须根据学生的年龄特点由易到难安排内容。养成教育是计划性很强的工作，培养什么习惯，用什么方法培养，都要事先计划好。教育内容、教育时间、教育空间都要按科学序列安排，使其横向一体化、纵向序列化。

目前，一些学校、教师计划性差、盲目性大，对养成教育随心所欲，不注意序列，进行什么教育完全由主观决定，完全是盲目的、被动的。这就必然造成“兵来将挡，水来土掩”的局面，成为“救火式”“堵漏式”的教育。一些教师甚至凭自己的习惯培养学生，根据自己的好恶教育学生。自己重视学习就培养学生学习习惯；自己喜爱劳动，就培养学生劳动习惯；自己是个“孝子”，就注重培养学生敬老的习惯。这种教育方法往往“捡了芝麻，丢了西瓜”，学生所受的教育往往是零乱的、不完全的，也是无序的。

为了克服养成教育中的盲目性和随意性，我们必须制订序列化方案。制订序列化方案的依据主要有两个：一是党和国家对青少年一代的要求，二是学生的年龄特点、心理特征和思想实际。

我们应该研究党和国家对未来人才的要求，按21世纪的要求去规划、制订序列，要在总结历史经验的基础上，面向未来，把我们的后代培养成德、智、体、美、劳全面发展的一代新人。

我们还要认真研究孩子的心理特点，任何理想的教育内容能不能被孩子所接受，还要看其是否符合孩子的年龄特点和心理接受水平。如果只考虑国家需要，忽视年龄特点，急于求成，往往适得其反。安排内容过难、过高，孩子感到太难就不容易产生共鸣。孩子不认同，硬灌是很难见成效的。哪一个年级安排哪一项内容最符合学生心理实际，还需要研究，需要找到“共振频率”，让教育内容与受教育者产生共振。过高或过低都不会产生共振，最佳的方案是“伸手摸不到，跳一跳能摘到”。

在研究心理水平时要注意时代特点，现在的孩子已不是20世纪50年代的孩子了。他们的生活环境、生活条件与那时相比，已发生了很大变化，这一点必须注意。因此，安排序列时必须研究当代学生的思想、性格、意志、思维、能力、态度、爱好等。

制订序列化内容要注意以下几点。

（1）运用“循环说”理论。行为习惯的形成需要长时间的循环往复，是螺旋式上升的。低年级训练过的，到中、高年级还要经常进行重复训练，否则难以巩固。

（2）运用“阶段说”理论。小学低、中、高年级要有各自的训练重点，要研究各种习惯形成的关键期，抓住关键期进行教育。除注意阶段性外，还要注意各阶段之间的联系。

（3）运用“中心扩散说”理论。行为习惯内容相当繁杂，不可能对所有内容都细致训练，要抓住中心。中心抓准了，形成了好习惯，就可以把许多其他的好习惯带动起来。因此，制订序列化内容时要分析哪些习惯在什么阶段是最主要的、最关键的。

上述三种理论都还不完善，但都有可取之处，要取其所长，补其不足，使我们的序列既有中心，又有阶段性，还要有必要的循环。进行低层次教育要为进行高层次教育打基础，进行高层次教育也要注意巩固和强化低层次教育的要求。这样使教育内容既分层次又互相联系，循序渐进，逐步升华。

（2019年3月10日 于镇巴县泾洋中学）

如何对学生进行养成教育

一、训练法

习惯是一种动力定型，是条件反射长期积累和强化的结果，因此必须经过长期地、反复地训练才能形成。严格要求，反复训练，是形成良好习惯最基本的方法。

对已经形成不良习惯的学生要抓住三个转化，即不良习惯及错误认识向正确认识的转化、正确认识向正确行为的转化、正确行为向良好习惯的转化。

对已形成不良习惯的学生，工作要更耐心，他们由不良习惯转到正确行为既需要提高认识，又需要行为矫正，特别是需要学生的意志努力和教师的严格训练。实现转化的关键是训练，由正确认识向正确行为转化需要训练；由正确行为向良好习惯转化更需要训练，由不良习惯向正确行为转化尤其需要训练。没有训练就没有习惯。严格要求，反复训练，不断强化是实现转化的关键。

教育，特别是品德教育，尤其要重视行为习惯的训练。品德教育是一个包括知、情、意、行的完整结构。其中，知，就是道德认知；情，就是道德情感；意，就是道德意志；行，就是道德行为。德育过程是知、情、意、行互相作用的过程，它们互相依赖，互相作用，共同发展。教师对学生的教育必须知、情、意、行全面抓，才能培养出学生完整的品德心理，完善的人格。现在我们对学生的教育只是知抓得多，情、意、行抓得都不够。学生中普遍存在的“只知受爱、不知爱人、惧怕困难、意志薄弱，”语言的‘巨人’行动的‘矮子’诸多现象，这些都是教育不完善的反映。为了学生健康成长，我们必须重视行为习惯的训练，可以说行为训练法是养成教育最基本的方法。

训练可以使机体与环境之间形成稳固的条件反射，这种稳固的条件反射是不能靠单纯说教形成的，只有反复训练才能形成自然的、一贯的、稳定的动力定型，这是由人的生理机制所决定的。所以说，没有训练，就没有习惯。训练法对于小学生来说尤为重要，因为他们的品德形成往往不是先从概念开始的，而是从实践中体验和训练出来的。一些大道理一时半会儿很难被学生理解，随着年龄的增长，他们体会到好习惯的益处，慢慢地就理解了。这时的习惯已成为他们的第二天性，他们将因此而受益终身。

行为训练法之所以重要是因为只有通过行为训练法才能使学生身体力行，知行统一，才能磨炼学生的意志，使其形成好思想、好品质。行为训练法比其他方法更有利于形成言行一致、知行统一的高尚品德。人的品德仅靠书本和说教是不能形成的，必须经过实践锻炼、经过长期的甚至是痛苦的磨炼。

那么，我们应该怎样运用行为训练法呢？

1. 训练要持之以恒

进行训练要强调“反复”二字，不反复训练形不成习惯。养成教育是一项长期工程，养成一个好习惯不是一天、两天，一个月、两个月的事，需要长期抓，持之以恒。矫正一个不良习惯更不是三天两日的事。冰冻三尺，非一日之寒，要让学生改正不良习惯，更需要我们做持久的工作。有些家长和教师比较性急，总想三下五除二就解决问题，那是不行的。即使学生按你的要求做了，那也只能叫作行为，不叫习惯。如果我们想起来就管管，想不起来就算了，习惯是养不成的。我们一疏忽，学生的行为就会像弹簧一样又回到原来的样子。

2. 训练要严而又严

训练法要强调“严格”二字，训练就要有个“狠”劲，不见实效不收兵。然而，在现实生活中，有些家长因为疼爱孩子，下不了狠心，孩子一闹、一哭、一求饶，家长就心软了：“算了，今天饶你一次，下次可不行了。”有“一”就有“二”，孩子一次次求饶，家长一次次妥协，最后什么好习惯也没养成。培养好习惯的过程是一个痛苦的过程，孩子不愿意，这时家长就得咬着牙让孩子坚持下去，甚至孩子病了、累了也不例外，这样才能最终养成良好的习惯。

3. 训练中要调动学生的积极性

训练时需要严格，但只有教师的严格，学生没有积极性，往往产生逆反情绪——你越严格我越不按你的要求做，所以在训练中，一定要注意调动学生的积极性、主观能动性。具体说，应该做到五个结合。

（1）激发兴趣与严格训练相结合。研究中发现一个规律，学生养成良好习惯以后是非常愉快的，但养成的过程却是一个痛苦的过程，需要咬着牙坚持，战胜许多困难，经过许多枯燥单调的练习。特别是对已形成不良习惯的，要矫正就更需要坚强的意志、严格的训练了。事实证明，不少学生的好习惯往往是在与坏习惯的斗争中形成的。

（2）明确要求与具体指导相结合。为了明确要求，就要制订养成教育的内容序列化，指导要非常具体，从每个细小动作入手，从坐、立、行、走开始，对握笔姿势、看书姿势、敬礼姿势都要给予指导，还要教学生学会如何给大人递东西，如何接老师发的书本，如何说话，甚至咳嗽时如何用手帕捂嘴。有些学生缺乏基本的生活经验，如果不给予生活指导，很难形成良好的习惯。要求学生养成卫生习惯，就要教学生如何刷牙、洗脸、洗脚，如何叠被、擦桌子、扫地。如果不手把手地教，学生刷牙就可能横着刷而不是竖着刷，洗脸、洗脚就会弄得一地水，擦桌子就会乱抹，而擦玻璃就会越擦越脏。没有指导的实践还可能养成不良习惯，在培养习惯时必须具体指导。教师在学校指导，家长在家里指导，边指导边训练，最终让学生形成良好的习惯。

（3）检查评比与自我评价相结合。只有要求没有检查，要求就容易落空，因此检查评比工作必须坚持下去。我们组织干部、教师、学生三级检查网，根据《行为规范》进行检查评比，做到“天天查，周周评，月月总结”；学期初重点抓，学期中、学期末不间断地抓，有始有终。我们要开展“百分达标”“红花评比”等活动，评出纪律标兵、学习标兵、文明礼貌标兵等。这是琐碎的工作，但必须坚持下去，它对学生养成良好的习惯能起到督促的作用。

但是，检查、评比终究是外力，养成良好习惯还必须靠内因，为此我们把检查评比与自我评价结合起来。要重视学生的自我评价。自我评价，是学生进步的力量源泉，只有自己认识到自己的行为正确与否才会产生美化自我行为的强大动力。我们每次评价都是先搞自我评价，学生平时制作自我评价表，每天记录，一周一总结。事实证明这对提高学生的道德认识、校正学生的道德行为是一个非常有效的措施。

（4）纪律制约与自我要求相结合。要克服不良习惯既需要内部的意志力，也需要外部的强制力。小学生自觉性不高，良好习惯的养成完全靠自觉是不行的，必要的纪律制约是很重要的。“国有国法，校有校规。”学校必须制订严格的纪律，以此来约束学生的行为。有了这些规定，可以鼓舞学生向积极的方向去努力，并提醒学生不做违反校规的事。为了养成学生良好的行为习惯，应该制订校规校纪，如“一日常规”“课堂常规”“校外行为规范”“家庭行为规范”等，并制订相应的纪律，这些规定对保证学生接受严格训练，按正确要求去做，能起到辅助作用、制约作用。

（5）反复强化与积极疏导相结合。养成教育是一项长期工程，养成一个好习惯绝非一日之功，矫正一个不良习惯更不是三两下的事。要让学生改正不良习惯需要反复强化，持之以恒地工作，我们坚决反对“前紧后松”“一曝十寒”“三天打鱼两天晒网”的做法，提倡的是一竿子插到底的方法，不见效果不罢休。

二、说服教育法

我们提出一个假说：我们认为必须把说服教育与严格训练有机地结合起来，才是最有效的方法。为了验证我们的假说，我们做了对比实验，对比学生的行为习惯水平：实验一个月后，单纯说教组的提高25.8％，单纯训练组的提高31.4％，说服教育与严格训练相结合的提高62.9％。这些数据说明我们的假说是正确的。

在说服教育中我们还比较注意艺术性、趣味性，用趣味活动去激发学生的动机。例如，初一年级实验班培养学生良好的作业习惯，通过调查发现，在完成作业时，48名学生中只有24名学生能专心、按时完成作业，另24名学生有磨蹭、不专心的毛病。教师针对这一现状，讲了宝贵的一分钟故事，学生听了很震惊，教师趁热打铁，马上布置一分钟作业，让学生看看自己的一分钟能干多少事，结果第一组平均每人写20个字，第二组平均每人做1道数学题，第三组读课文85个字。学生深感自己的一分钟也有很大的价值。之后，又开展了“比比谁的红旗多”“攀登高峰”等活动。这种把说服教育与趣味活动结合起来，学生的积极性很高，经过培养教育，这个班能认真按时完成作业的学生由24人发展到42人。

三、榜样示范法

青少年有一个心理特点就是模仿，他们可塑性强，给他们树立什么榜样是十分重要的。尤其是中学生分辨能力差，“近朱者赤，近墨者黑”在他们身上表现得更加明显。榜样有激励作用，如果我们用正面的典型给他们做榜样，就可以激励他们向积极的方向去努力。例如，给孩子树立邱少云的典型，他们就会用邱少云的标准要求自己，养成严格遵守纪律的习惯。榜样还有矫正作用，它像一面镜子，可以使学生经常对照检查，改正自己的不良行为。例如，让学生看《行为规范》的影视，学生就可以从影视上正确的做法中对比出自己的不足，从而改正缺点错误。

四、活动法

针对青少年活泼好动的特点，开展丰富多彩的活动，是培养学生养成良好行为习惯的重要方法之一。

学校有计划地利用节日开展教育活动，在丰富多彩的活动中促进学生良好的道德行为习惯的形成。例如，“敬老日”，学生组成小组到居民区为老人洗衣服、擦玻璃、收拾房间；“教师节”开展尊师活动；“三八节”开展慰问妈妈的活动。这些活动学生很感兴趣，利于入脑、入耳，起到了很好的教育作用。

五、氛围法

氛围指的是精神环境和心理环境。氛围法就是创造良好的精神环境，从而使学生养成良好的行为习惯的方法。

众所周知，良好的校风、班风和良好的家风对孩子的行为习惯的制约是很大的，外部的教育方式、群体内的人际关系及社会氛围对学生行为习惯的形成起着很大作用。健康的集体、积极向上的舆论、严格的管理制度，会促使学生养成良好的习惯。因此，我们都要非常重视校园环境的美化、校园文化建设以及校风建设，充分发挥“隐形教育”的作用。

（2019年3月20日于镇巴县泾洋中学）

浅论对学生核心素养的培养

对学生来说，核心素养应该是：①利用网络学习的意识。调查发现，中学生主要用网络来娱乐与休闲，因此强化他们利用网络进行自发性学习的意识非常重要。②形象思维与逻辑思维并重的意识。中学阶段，人的逻辑思维能力有所发展，而形象思维能力有所减弱，此时应该通过艺术类课程来保持他们的想象力。③创新意识，在未来只会越来越重要。另外，还有民族意识、正义感，为将来的专业发展做准备，以及积极、开朗、乐观的心态。

新课程改革的理念之一就是要求在课堂教学的过程中培养学生的科学素养。物理学是最早建立起来的一门自然科学，它是以缜密的实验为基础、以数学为手段的理论思维的严格科学。正因为物理学的这种特点，它在各门自然科学课程中、在培养学生科学素养方面肩负着无可替代的作用。那么，如何在物理教学中培养中学生的科学素养呢？培养中学生科学素养的基本策略就是要重视对学生终身学习愿望、科学探究能力、创新意识以及科学精神的培养。

我们知道，《新课程标准》中制定了三维培养目标，即知识与技能，过程与方法，情感、态度与价值观。就对科学素质的理解而言，这三个维度的内容囊括了科学素养的基本内涵，并且有所深化。所以说，初中物理教学对培养学生的科学素养起着举足轻重的作用。结合自己的教学工作，我谈一谈科学素养培养的几点做法。

一、重视基础知识传授是培养科学素养的关键

基础知识是构成科学素养的分子，无数个这样的分子累积是具有科学素养的前提。基础知识既是形成科学素养的载体，也是科学素养的表现形式，形成科学素养是传授基础知识的目的。

二、加强科学探究是培养科学素养的重点

教师采用探究式教学模式，使学生具有积极探究的情感，全面提高整体素质。物理探究式教学是利用探究的形式进行科学内容的教学，从而使学生更好地理解科学过程的探究特征。传统教学主要是把对学生的“双基”教育看作教学工作的头等大事，从而忽视了对学生科学的情感、态度与价值观的培养，忽视了培养学生的探究精神和科学探究能力，没有实现全面的培养。

三、注重科学思想的教学，培养学生的科学品质和科学精神，增强学生的科学观

科学是人类认识世界的手段之一。中学生头脑中应当建立真实的科学研究图景，而不是“科学是完全客观的、科学探究的答案是唯一确定的”这样的印象。真实的社会和生活充满着复杂性和多样性，就像真实的科学，没有预先知道的确定答案。如果学校教育没有教给学生这一课内容，不仅学生在未来难以进行科学研究，而且学生从学校进入社会也会非常困难。

四、重视学生的信息处理能力是培养科学素养的有力措施

信息处理能力是未来人才的基本能力之一，对信息技术的培养就是加强对学生科学素养的培养，在物理学科素养的培养中显得尤为重要。

五、在科学、技术和社会教学及物理实践活动中渗透科学素养的培养

积极组织、开展物理课外活动，增强学生的感知能力，加强实验教学，培养学生的科学意识和科学能力。物理是一门实验科学，许多概念的引进、规律的得出都和实验有着密切的联系。

总之，根据科学素养的经常研习性和平素涵养性可知，科学素养的培养涉及多种因素，尤其是物理教师更应树立以培养学生科学精神和创新能力为主的教育观念，把培养学生的科学素养作为教学的灵魂和核心的工作思路，注重与教学内容的有机融合，注意方法上的灵活性、形式上的多样性，将有效地提高学生的科学素养。

根据多年的教学实践，我认为物理学科的核心素养是指学生的能力与方法、应用与创新。能力与方法包括学生的思维能力、分析归纳能力、推理能力、实验操作能力、科学探究方法、建构物理概念的方法，利用物理知识解释生活现象的方法等。例如，学生学习物理之后，知道汽车刹车时，人由于惯性向前倾；金属外壳家用电器接地线的作用是将漏电导入大地等，即从生活走向物理。又如，学生会用测电笔分辨火线与零线从而确定开关的安装；会用家中的圆柱形筒和刻度尺测出西红柿的密度等，即从物理走向生活。应用与创新包括学生应用物理知识解决实际问题的能力以及思维的迁移和创新等。例如，学生学习杠杆原理之后，应用杠杆平衡条件，将重物放在拉杆箱的下部，将拉杆拉长，可以更省力；根据迁移法，学生用烧杯和量筒测出较大石块的体积；利用电磁继电器创新设计出满足某种要求的自动报警装置或自动化流水线；等等。通过理论学习，对物理学科的核心素养的理解使学生具有物理观念（如物质、运动、能量、场的概念）、科学思维、科学探究方法和科学态度与责任。

物理学科的核心素养可具化成三点：①实验；②问题；③思维。教师要十分重视物理实验的探究性教学，启发学生从有效的物理现象中，发现问题、提出问题，再通过规范的科学思维解决问题。大家通过仁者见仁、智者

见智的思维碰撞，对物理学科核心素养意义的理解和在物理教学中的细化落实，都有了初步思路。

国家又将进行一次以培养核心素养为核心理念的课程改革，我们应主动面对教改的新形势，认真抓住自身发展的历史机遇，超前学习、超前思考、超前研究、超前践行，超前出成果。培养物理核心素养并不是高大上的事情，实际上我们平时的物理教学中已经不同程度地落实了，只是我们没有规范有序地提到议事日程上而已，将来物理教学的细化目标和评价标准都要凝聚在培养核心素养上。基于核心素养的物理课堂的教与学，应注意两方面问题：一方面是教学设计应注重知识问题化、问题情境化，即化学术性知识为生活性知识，以适应学生认知需求；另一方面是课堂教学应注重情境问题化，即引导学生把情境性知识提炼成学术性知识。简而言之，就是帮助学生“去情境化”建构核心本质知识，并学以致用，把学术性知识及时应用于生活生产实际，让学生看到知识的价值所在，提高学生解决问题的能力。

（2018年4月10日于镇巴县泾洋中学）

我对赏识教育的理解和实践

我现在任初三（2）（3）两个班的班主任，初三（2）班是在升初二时我才接手的，这个班在初一时是全校最乱的班。一般地，乱必然导致各方面都差。得益于领导的信任，我接班一年多来，把我过去20多年带班的经验都用上了，效果虽还不错，但我仍感觉有不尽如人意的地方，主要是有几个后进生转变不大，有几个优等生进步不显著。过去，我曾经学习过赏识教育有关的文献资料，我觉得可以大胆地尝试一下。于是，在2013年3月份，我又认真地学习和领会了赏识教育的要义，并且在6月份申报了省级课题“课堂教学中激励、赏识教育实践研究”。在实践中，我又获得了许多感悟。

赏识教育不仅仅是表扬和鼓励，更重要的是赏识学生的行为过程，以激发学生的行为兴趣和动机；帮助学生创造环境，激励学生按照良好的方向奋发前进。此外，还要赏识学生的行为结果，用以强化学生的行为，不断激励学生，增强学生的心理体验，及时纠正学生的不良行为。

我认为，赏识教育最重要的是爱。爱是教师最美的语言和最高的行为准则，我们从“发现优点”“赏识优点”开始，培养学生的自信心和学习的积极性、主动性、创造性，从而达到教育的目的。“学会赏识，爱满天下”，只要我们用“放大镜”去寻找，就一定能发现所有学生的闪光点，我们用爱去赏识、去尊重、去关怀，无论学生的什么缺点都会被改正。爱，是人类所特有的最伟大的情感。

赏识教育专家将赏识教育归纳总结为信任、尊重、关爱、激励、理解、宽容。细细品味，确实是经典总结；慢慢实践，我已经取得了重大成效。

案例：

柏同学原是我班的一名对事偏执、固执己见的后进生，初一的学习结果，她的各项考核成绩在班上后10名中。虽然她对人热情，但在与同学交往中“唯我是对”，较难与同学沟通，为此造成许多矛盾，她曾一度不想上学。在初二第一学期时，我与其家长交流发现，家长对其关爱太少，孩子经常一个人在家中孤单生活，因家长常年在外打工很少与孩子交流和沟通。我对她的父母说道：“你们女儿其实对人很真诚，也有礼貌，心地善良。正因为缺少你们的关爱，形成了孤僻、偏执的性格。但她不是不能改正缺点，希望我们携起手来共同努力，要指出其缺点的危害性，更要看到她的优点，多加鼓励，我们要在学习上多予以辅导，要在生活上多予以关怀，帮助她在学习、生活中取得成功，让成功驱动她前进。”一席话，她母亲热泪盈眶，激动地说道：“我女儿是有救的，我再也不出远门打工了，多与孩子接触交流，我听你们的。”之后，我与柏同学进行了四次谈心，不断赏识她的优点，鼓励她进步，她一次比一次心情好、状态好。从2014年4月份到现在，她每次各科作业都是“A”等，与同学相处也十分融洽了，多次在班级民主评议中她都得“优”。同学们也对她刮目相看了，课间，她也不再独处了。回家后，我也经常看到她与母亲手拉手笑嘻嘻地走在街上。她确实变了，变乖了，变进步了。

以上案例，只是我带班这一年多来在班上的十几例中的一个。是赏识和尊重开启了他们的内驱力，是信任和宽容增添了他们的力量，是激励和关爱激发了他们的兴趣。在这里我再次强调周弘老师的一句话：“赏识，是唤醒学生自我价值的号角；赏识，是开启学生奋斗之心的钥匙；赏识，是滋润学生灵魂的雨露；赏识，是使教师成长为教育家的法宝。”因而，我觉得当今真正有效的教育就是赏识教育。

（2014年9月发表于《教育教学论坛》）

第二章

教育实践篇

每个教师应当成为自己学科的出色专家，他应密切注视所授学科的科学“前沿”。

——《苏霍姆林斯基选集》第一卷第802页

真教育是心心相印的活动。唯独从心里发出来的，才能打到心的深处。

——《陶行知全集》第二卷第363页

有些人做了几年教师便有倦意，原因固然很多，但主要的还是因为不好学，天天开留声机，唱旧片子，所以难免觉得疲倦起来。唯独学而不厌的人，才可以诲人不倦。要想做教师的人把岗位站得长久，必须使他们有机会一面教、一面学，教到老、学到老。当然，一位进步的教师，一定是越教越要学，越学越快乐。

——《陶行知全集》第四卷第545页

我的教学主张

课堂是人成为思想者的发祥地。我认为，课堂教学最重要的目的，是激发少年对知识的渴求。倘若他们在上完我的课后没有产生超越我的讲述而想知道得更多的愿望，那课堂教学的目的就没有达到。

——《苏霍姆林斯基选集》第5卷第739页

教学，这并不是机械地把知识从教师的头脑里灌输到学生的头脑里，这是一种极其复杂的道德关系，在这种关系里起主导的、决定性作用的特征，就是培养少年儿童荣誉感和自尊感，并在此基础上培养他要成为一个好人的愿望。

——《苏霍姆林斯基选集》第1卷第108页

对学生物理学科素养的培养应注重细节

在物理教学探讨中，经常有人问起“学生物理学科素养如何培养”的问题，我也经常思考这个问题。

“如何培养”这个话题很宽泛。通过讲述科学家探究自然、追求真理的历程培养学生崇尚科学的品质、探究规律的科学精神、实事求是的态度和热爱自然的兴趣；通过规范作业的书写培养学生讲整齐、讲规矩的习惯；通过严格要求预习复习、专心听讲等培养学生良好的学习习惯；通过引导学生观察现象、动手实验、分析现象的成因等培养学生的学科兴趣和创新精神；通过对实验过程和现象的描述培养学生的表达能力；通过对误差的分析培养学生严谨、尊重事实的科学态度。这些过程和方法，物理教师都能注意到。我要说的是有些物理教师容易忽略的问题——注重细节的培养。

纵观物理学科，常见的细节错误（举例）有：①没物理单位，或单位不正确，或单位混淆；②字母书写不规范，错写错读；③答题不按要求；④错别字多；⑤没有解题原理和过程；⑥解题时没有必要的文字说明；等等。

一、就某一自然节的教学谈谈应注意的细节

以教材“1.1 物态变化 温度”为例。

（1）教授第一个问题：什么是物态？什么是物态变化？

应注意的细节：在展示固态、液态、气态时详细比较它们的形状和体积，在翻倒液体时注意手势及倒法，在加热时注意器材装置的连接顺序。

（2）教授第二个问题：温度及其测量。

在感受物体的冷热程度时要让学生体验，使用温度计时首先要阐明温度计是玻璃制品要“轻拿轻放”“竖拿，不要横拿、倒拿”，要仔细认识零刻线、分度值、量程，要说明“冰水混合物”的含义，其单位为什么是“℃”，等等。

（3）关于温度计的使用是本节的重点，更要详细分解。

（4）教授“体温计”时重点要说明“缩口”的作用，说明为什么其量程只是35℃～42℃，其分度值为什么是0.1℃。

二、就一次作业谈谈应注意的细节

学生作业存在的一般问题有如下几点。

（1）没有必要的文字说明。

（2）计算过程没有必需的公式。

（3）计算过程中没有带单位计算。

（4）书写格式不符合要求。

（5）书写太潦草了或不规范。

（6）表达不明确，缺少下标。

（7）单位混淆或乱用单位。

三、就一次考试谈谈应注意的细节

（1）要纠正错别字，如“熔化”不能写成“融化”“溶化”，“汽化”不能写成“气化”，“升华”不能写成“升化”。

（2）不同的单位不能进行加、减、乘、除运算。

（3）不能把答卷当成草稿纸。

（4）解题过程要有解题根据和主要公式，而且解题过程还要带上单位。

（5）在作业和考试中还应注意的是：要用专业术语，回答一些结论和概念时不要多字、漏字、错字，不能随意更改要求的答案，一般计算结果不能是分数，等等。

在日常教学中注重培养学生良好的物理学习习惯，是培养学生应具备物理核心素养的重要途径。

细节决定成败，习惯决定命运。我们应当一以贯之地教导学生。

（2019年6月发表于《内蒙古科技》，因编排需要，内容有删减。）

如何做好素质教育下的中学物理教学

新的教育形势下中学物理教师如何实现素质教育？本文从物理教师所应具有的素质、创新教学方式方法等方面来论述，以体现物理教学的特色性和时代性。

时代的飞速发展对未来人才提出了更新、更高的要求，如何培养出一批具有强烈的社会责任感、丰富的创新能力、突出的实践能力、强有力的竞争能力的高素质人才，这已成为迫在眉睫的问题。素质教育作为解决这一问题的法宝，已成为当今教育的热门话题，并为国家所重视。但在当前的以应试教育为主体的教育形势下，怎样才能做好素质教育呢？我认为应该从以下几点出发，做好素质教育。

一、提高物理教师自身的素质，这是实现素质教育的主体环节

提高物理教师的素质，内容是相当广泛的。如何提高呢?

1. 明确“一桶水”和“一碗水”的关系，不断增加和提高“一桶水”的容量和质量

现代社会，学生的知识来源非常丰富，思维非常活跃。如果教师不及时更新自身的知识，死守“一桶水”很可能就跟不上学生的要求了。再说，物理本身的特点决定了物理知识的广度。物理是一门研究自然界万物之理的学科，时空跨度大，知识内涵丰富，囊括了人类所接触的所有自然现象。这门学科就要求物理教师必须具有合理的物理科学知识结构、运用物理知识解决问题的能力、具备主要的物理学科（如力学、热学、电磁学、光学、原子和原子核物理学、凝聚态物理学、粒子物理学等）知识以及与物理学科关系密切的其他学科知识（如数学、化学、生物、计算机等）。

2. 提高物理教师系统理论修养

作为一名合格的物理教师，就不能把教学活动看成单纯的物理知识传授。他必须培养学生学会正确地运用物理知识分析问题、解决问题的方法；必须能够站在理论和现实相结合的高度观察自然世界，揭示世界物质间的本质和内在联系，揭示科学的规律。这些都需要物理教师必须具备较高的理论素养，学习教育学理论，系统地掌握物理知识，不断吸取当今自然科学研究理论和成果来充实自己。

3. 提高教育教学能力

只有教师有较强的教育教学能力，才能培养学生的能力，才能体现素质教育的初衷。物理教师要具有扎实的教学基础，如语言表达、板书板图、动手操作等。物理是许多概念、规律的组合，而这些概念、规律来源于生活，且高于生活。物理教师要在课堂上用准确的、形象的、幽默的语言再现这些概念、规律的来源以及它们和现实生活的联系。在讲述时，要注重各个知识之间的联系以及它们和现实生活的联系。当然，物理教师还要富有敏锐的教育观察能力，及时发现学生的创造火花，因势利导，培养学生的创新能力。对教育教学过程中出现的突变情况，能正确判断，恰当处理。更要有驾驭课堂的组织管理能力，要做到教学结构科学完整，教学方法得当灵活，教学活动有序热烈。

4. 要有崇高的敬业精神和职业道德素养

“学高为师，身正为范。”只有树立良好的师德师表，才能赢得学生的尊重，才能成为学生的良师益友，才能为向素质教育进军奠定基础，才能升华自我、完善自我、实现自己的人生价值。

二、创新教学方式方法，促成学生学习物理的兴趣

传统的“你讲我听，你教我学”的填鸭式教学方式以及评价体系严重地打击了学生探索求知的欲望，打击了学生的学习兴趣。因此，要实现现代物理教学的素质教育必须改变传统的教学方式及评价体系。

1. 确立学生在物理教学中的主体地位

传统的、旧的教学观，将教师视为知识的传递者、能力的培养者、思想认识的教育者。在这种观念下，教师以自己为中心，上课讲述时间过长，而学生主要是听教师讲，处在被动地位。其结果是，学生对物理课不感兴趣，课堂教学质量得不到真正提高。这主要是由于传统的教学没有注重学习的主体。

学生是物理学习的主体。深化物理课堂教学改革，需要我们认识主体、尊重主体、发展主体，让学生主动参与教学活动，体验获取知识的过程，从而提高教学效率。这就要改变“以讲为主”的教学模式。在教学过程中，教师是指导者和组织者，学生是教学活动的全面参与者；同时，还应该结合学生的实际情况，调整教材内容，以保证学生参与教学活动的时间和空间。尊重主体，教学过程中在师生之间、生生之间创设平等、和谐、民主的学习氛围；发展主体，探索适合学生主体学习的教学模式。

2. 物理知识的个性化

物理知识个性化的特点在于充分调动学生的主动性，通过实验、物理学史知识讲座、建立物理模式等方式让学生去感受物理，独立得出结论。为开阔学生的视野，提高学生解决问题的能力，可以经常介绍一些关于现代科技所涉及的物理现象，让他们展开讨论，运用所学知识解释现象。

3. 充分运用现代化教育技术

随着以计算机为核心的信息时代的到来，计算机在教育领域的应用也日趋广泛，其以交互性强、共享性好而称著，并且应用方便，利于学生个人学习。因此，我们应该充分发挥它的优势，促进新型教育模式的构建。

4. 物理评价的多样化

传统的教学仅仅以成绩的好坏来评价学生，这固然有它有利的一面，但是它不利的一面也是相当明显的。特别是成绩不好的学生一直不能受到教师的肯定或表扬，时间一久，这些学生就会失去对物理的兴趣，从而使物理教学任务和目标很难完成。我们提倡用多种方式评价学生的学业成绩。学生平时学习成绩和课上参与情况应在学期物理学习总评成绩中占一定比例。物理课的学业成绩考核除了书面考试之外，还要有实验的考查，要鼓励学生搞小发明，鼓励学生自己收集资料，撰写物理小论文，对学生学习活动的成果应计成绩。物理书面考试也要从重知识考查向重素质考查、重能力考查转变，逐渐扭转死记硬背应付考试的局面。评价的多样化要求教师创造各种机会，使学生能形成积极的自我评价，以积极的态度去学习物理。

三、运用热点问题以及生活中的实例，让学生体会物理知识在现实生活中的应用

在传统的物理教学中，教师通常只注意知识点的讲授，对知识的运用也只是局限于习题，这就很容易使学生提不起兴趣。如何提高学生的兴趣呢？方法有很多，我觉得结合时代的热点问题，用物理知识分析、理解和运用，效果较佳，而且学生也非常喜欢。现代社会，在电影、电视、网络、报纸杂志等各种媒体的作用下使学生接受了大量的课外信息，其中就有很多他们感兴趣的热点问题。如果能立足于课本，将一些社会现实中学生感兴趣的“热点”问题与课本内容有机结合，就会激发学生对学习物理的兴趣。这样一来，既能使物理知识更加贴近现实生活，活跃了课堂气氛，又能激发学生的学习兴趣。例如，在讲述电磁学有关知识时，可以给学生解释一下回旋加速器的基本原理，讲述我国粒子加速装置的发展史，使同学产生爱国主义情感；在讲述力学知识时，可以让学生分析常见的菜刀是运用力学知识制造的，使学生感觉物理知识和生活很接近，学有所用。

可见，利用热点以及生活中常见的现象可以激发学生的学习兴趣，既有利于培养学生的综合能力，也有利于培养学生思维的广阔性和深刻性。

总之，要转向素质教育，教师必须提高自身的素质，同时要创新教学方式，以适合学生发展的要求，要以人为本地提高学生的认知能力。

（2011年3月18日于镇巴中学）

扎扎实实备好课

——写给中青年教师

怎样才能备好课？怎样才能让你的教学变得轻松？怎样才能让自己充实起来？说一句实在话，你的课备得有多厚，你就有多充实；你的课备得有多灵活，你的课堂就有多灵活；你的课备得有多远，你的教育成长之路就有多远。

什么是备课？我个人认为，就是教师整合教材、激活自己、调动学生、挖掘思想、指导生活的一次综合性教学设计的工作。所以，你的备课要用心、仔细、认真、动情、率真、灵活、丰富、实用、实在、实效。

为了给快速进步的年轻教师提供一些思考和经验，也为了和资深的教师切磋和探讨，今天我就备课这个话题来谈一谈我的一些做法和思考。不当之处请大家批评指正，不吝赐教！我准备用三个要诀来谈谈备课的感受。

一、老老实实读文本

熟悉文本是教师备课最重要的步骤，刚走向工作岗位的青年教师在备课的时候尤其要走好这一步。而且这一步要走得更细、更深、更实，要把文本实实在在地咀嚼，字字句句地研究，要像啃窝窝头一样有滋有味，像撕甘蔗皮那样一丝不苟，你就会有许许多多惊奇的发现。即便是找不到珍珠，但至少你可以看到贝壳、看到海螺、看到五彩石。

一位教师假如具备了啃教材的强大能力，他一定会才思横溢，妙手偶得。

二、谦虚认真查资料

教材只是提供了蓝本，是教学的提纲。它规划的是教育教学的方向、目标，并提供了教学策略。但它毕竟是死的东西。如何让它灵动起来？这就需要我们融入自己的思想，让它“有骨有肉”，丰满起来。就好比一座楼房，建筑师虽然把它建起来了，但是不完美，需要人们进一步对它进行装饰，它才能成为人们理想中的“美楼”。课堂需要灵动，教材需要充实，我们不得不到图书室里、教参书中、网络平台上去寻找与教学有关的“骨肉”。

查阅资料需要谦虚的态度。我们有些人自以为是、夜郎自大，认为自己有“满桶水”，不需要学别人的了。老教师有这种心态倒也罢了，但中青年教师万万不能有这种思想。

查阅资料需要认真的心境。查阅资料不能急躁，不能走马观花，不能囫囵吞枣。查阅资料不仅需要认真查、认真想，还要认真做记录。查阅资料不能笼统全抄照搬，要有取舍，去糟粕存精华，去无益存有用。

三、螺旋式备课

前面所说的“备课要诀”是备好课的主体，是备课的初期工程。备课是为上好课做准备的，在上课过程中还要有反思、感悟，善于发现备课中的不足，这就需要课后二次备课。在批改作业中有新发现、在与同仁的交流中还有新收获，这就需要三次备课。第二次、第三次乃至第N次备课都是对初次备课的补充、完善和升华。当你进行了一个循环教学之后，又有许多新的感悟，甚至是创新，就需要反复备课。

作为教师必须这样备课，如果想当一位有为、有位的教师，更应如此。学习无止境，备课是如此，备好课更是如此。

（2017年5月10日于镇巴县长岭初级中学）

加强集体备课　提高教学效益

一、要求及现状

“研讨出真知，研讨出效率。”新课程改革在倡导学生合作学习的同时，也要求教师合作探究，形成研讨氛围，发挥“集团效应”的优势。集体备课作为教师合作研讨的一种有效形式，对于发挥教师团队合作精神，集思广益，取长补短，具有举足轻重的作用。新课程改革中，教学无现成的经验可循，仅凭个人经验，单兵作战，磨时间、耗体力，不能解决实质问题。只有加强集体备课，发挥集体的智慧，共同研究、共同进步，抓好、抓牢教学的主阵地——课堂，才能提高课堂教学的实效和效益。有鉴于此，时下，集体备课在各地备受青睐，并已成为学校教研活动中的“重头戏”和“亮点”。然而由于教师对集体备课还缺乏足够的思想认识和理解，在实施过程中往往存在以下两种误解。

1. 集体备课是“教案之和”

为应付检查，将教材的各章节平均分给了同年级的各位任课教师，由各任课教师分头撰写教案，完工后交给集体备课组长，由备课组长将其装订成册。集体备课等同于各任课教师备课“教案之和”。这种“承包式”的方法，虽然大大“减轻”了教师的备课压力和负担，但是违背了集体备课的初衷。

2. 集体备课是“网上资料的拼盘”

集体备课组为了快速完成集体备课，减轻教师负担，在组长的倡导下，充分利用现代网络的优势，将各大教育网页中与新教材相匹配的教案进行下载，装订成册后谓之“集体备课”。全然不顾内容是否切合自己教学的实际需要，不加以选择和取舍，把网上的资料直接使用。

二、 如何进行集体备课

集体备课是当前基础教育中提高教师群体素质，提高课堂教学效率的有效途径。如何发挥教师团队合作精神，集思广益，共同研究，真正、有效地进行集体备课，是需要我们认真思考的问题。

1. 明确集体备课的时间、地点和主备人

主备人轮流担任。这样就使集体备课从时间、地点和人员上得以保障。

2. 明确集体备课的内容和要求

（1）集体备课的内容。集体备课的内容可分为两部分：一是总结上一周教学的得失，如有哪些成功之处，存在哪些教学上的不足，哪些必须在以后的教学中加以弥补和强化，等等；二是讨论下周教学的内容，包括教学重点、难点，教学目标的定位，教学的方式和方法。

（2）集体备课的要求。①“四个统一”，即统一教学进度、统一教学目标、统一教学重难点、统一阶段测试。提倡“四个统一”，不能“一刀切”，而应根据教学的具体情况，经集体分析，做出合理安排。②主备人提前两周准备所主备的教学内容，形成大体的教学思路，明确重难点。集体备课时由主备人发言，参与人员发表补充意见，共同讨论教学目标、教学重难点、教学的方式和方法，即教什么？怎么教？然后由主备人综合集体的意见形成本次集体备课的教案、学案，形成书面材料分发给教研组成员。每个成员必须根据本班学生的实际情况对集体备课的教案内容加以添加和取舍，形成体现分层、符合本班实际的“个性化”教案和学案。

3. 集体备课备什么？怎样备？

（1）备教材。教师在第一次集体备课时，一定要认真研究教材，对本学期的课程进行整体规划，简要写出本学期的教学计划，并制订好单元教学计划。对教材要有宏观上的把握，做到心中有数。同时，更要从微观着手，脚踏实地，力求实效。集体备课时可从以下几个方面入手：教学目标、教学重难点、教学方法、教具准备、教材处理、教学双边活动、教学探究、学生训练。

（2）备学生。学生是学习的主体，要发挥学生的主观能动性，就必须充分备学生。要具体分析学生实际：在哪些方面会存在问题，怎样讲更易于学生理解、领悟和应用。“兴趣是最好的老师”，要充分考虑到学生的心理特点、兴趣爱好，从其感兴趣的方式、方法入手，往往效果更显著。

（3）备教法、学法。“教无定法，贵在得法。”教法得当，教学效果可以事半功倍；反之，则事倍功半。集体备课时必须根据各班学生的实际情况，结合不同的教学内容，采用适当的教学方法。同时，要对学生进行学法指导。

三、集体备课的成果如何展现

集体备课的最终的成果体现于教案和学案中。而如何使用教、学案实现集体备课的最终目的——提高课堂教学效益，进而提高教学质量，就显得尤其重要。在教、学案的编写和使用上要注意以下几个方面。

1. 注意学案的预习功能

学案要提前发给学生，要讲究实效：要求学生预习什么，应该达到怎样的效果，都必须明确。

2. 注意教、学案的载体功能

教、学案是集体智慧的集中体现，是集体备课成果的展示。因此，教、学案必须精心选材，并注意以下原则。

（1）逻辑性原则。选材要注重学生的认知规律，先由易到难，然后由一般到特殊，易于学生理解、领会。

（2）层次性原则。教、学案的编写要兼顾各个层次的学生，让每个层次的学生都能有所得。

（3）多样性原则。教、学案的题型应多样化，不拘一格。

（4）教、考不分离原则。教什么，就考什么。目的明确，针对性强，便于及时反馈信息，了解学生所学知识的掌握情况，以便于采取相应措施。

3. 教、学案的复习功能

在使用教、学案的过程中，要注意学生信息的反馈，不断地加以反复强化，充分发挥教、学案的复习功能，做到“堂堂清”“日日清”“月月清”。

四、教师在集体备课时要树立四个意识

1. 合作意识

合作是集体备课的前提条件。备课组教师在集体备课时，要创造一种平等、民主、互相尊重、互相合作的氛围；对每一阶段的工作，都要有明确的分工；在进行专项复习时，要根据各位教师的长处，备课组长指定专人负责，准备阅读、改错和书面表达等练习材料。

2. 整体意识

集体备课时，教师要有整体意识。例如，第一次集体备课时不仅要纵览全局，制订整个学期或整个学年的教学计划，还要注意教材各章节之间的内在联系。

3. 超前意识

教师超前集体备课，不但能增强教学的目的性和针对性，而且有利于将问题消灭于萌芽状态。在制订好整体教学计划后，集体备课时最好能提前准备一两个单元的课。

4. 反思意识

通过对教学行为的反思来提高教学能力是教师成长的重要途径。众多在

教学上获得成功的教师都十分重视写教学后记。有位学者指出，教师的成长=经验+反思。教师只有通过不断反思自身的教学行为，才能扬长避短。写教学后记是教师反思自身教学行为的行之有效的办法。教师参加集体备课，将教学方案付诸课堂实践，并对自己的教学过程进行评判性反思和分析，研究并总结出最基本的教学原始资料，可为积累教学经验奠定基础。

总之，集体备课是一项极其细致且复杂的创造性活动，它是提高课堂教学效率、提高教学质量的一种有效手段。如何加强集体备课，提高课堂教学效率值得每一位教师认真地去思考。

（2015年10月10日于镇巴县长岭初级中学）

物理问题常需数学化

许多物理问题的求解都会涉及数学方法的运用。因为数学是解决物理问题的重要工具，所以扎实的数学基础是处理好物理问题的关键。

解决物理问题时，首先，要根据题目的物理情境，建立恰当的物理模型，再将其数据化，进而转化为数学问题。其次，求解这个数学问题并得出答案，最后，对答案进行分析得出所代表的具体物理意义。

下面通过几个实例谈谈如何将物理问题数学化。

例1：有R_1，R_2两个阻值不等的定值电阻，将它们串联在电路中，总电阻为20Ω，那么将它们并联在电路中时，其电阻取值范围是（　　）。

A. R小于5Ω　　B. R大于5Ω小于10Ω

C. R小于等于5Ω　　D. R大于10Ω小于10Ω

解析：根据电学中电阻串、并联定律，可得$R_1+R_2=20\Omega$，$0<R<R_1$①，$0<R<R_2$②，由①②得$0<R<R_1<R_2$，即$0<R<10$，因不知道R_1、R_2的具体数值，故无法确定具体范围可能会导致错解，这时不妨用数学方法将其数学化，则有$R=\frac{R_1R_2}{R_1+R_2}$③，由①③消去R_2得$R_1^2-20R_1+20R=0$④，由于R_1为具体数值，方

程④必有实数根，则$\Delta=20^2-4\times20\geqslant0$，即$R\leqslant5\Omega$。此时得出答案为C。但上述只是用纯数学化的方程得出答案，还必须分析、检验、讨论是否符合特定的物理情境。当$R=5\Omega$时，则$R_1=R_2=10\Omega$不符合题目要求（$R_1\neq R_2$），故答案应选A。

例2：（高三第四次月考选择题4）历史上有些科学家曾把相等位移内速度变化相等的单向直线运动称为“匀变速直线运动”（现称“另类匀变速直线运动”），“另类加速度”定义为$A=\frac{V_S-V_0}{S}$，其中，V_0和V_S分别表示某段位移S内初速度与末速度，$A>0$表示物体做匀加速运动，$A<0$表示物体做匀减速运动，而现在物理学中加速度定义式为$a=\frac{V_t-V_0}{t}$，则下列记法正确的是（　　）。

A. 若A不变，则a不变

B. 若$A>0$且保持不变，则a逐渐增大

C. 若A不变，则物体中间位置处的速度为$\frac{V_0+V_S}{V}$

D. 若A不变，则物体在中间位置处的速度为$\sqrt{\frac{V_0^2+V_S^2}{2}}$

解析：这是一道由学生熟悉的匀变速直线运动习题引出新的“另类匀变速”问题的题目，用定向思维以旧的匀变速问题的方式思考可能会导致错选A、D。用物理方法不好得出结果，不妨使用数学上的函数图像法来求解。由题中关系式$\frac{V_S-V_0}{S}$得出V_S关于S的函数解析式$V_S=AS+V_0$。由于A不变，则V_S与S成一次函数关系，则有中间位置速度$V_{\frac{S}{2}}=\frac{V_0+V_S}{2}$得出C项正确。

又由于$A>0$，$A=\frac{V_S-V_0}{S}=\frac{\Delta V}{\Delta S}$，即$\Delta V=A\Delta S$，又$\because a=\frac{\Delta V}{\Delta t}=\frac{A\Delta S}{\Delta t}$，$V_S$随$S$增大而不断增大，在运动相等的位移$\Delta S$内所用时间$\Delta t$不断减小，$\therefore a=\frac{A\Delta S}{\Delta t}$，逐渐增大，故B正确。

例3：粗糙的水平桌面上有一物块，用力F拉着物块做匀速直线运动，试问F如何作用最小？

解析：首先，对物理情境进行分析，由于物块做匀速直线运动，则物

块所受合外力为零，又要使F最小，则F斜向上（见下图），根据力的平衡（设F与水平方向夹角为θ）关系有$mg-F\sin\theta=N$，$F\cos\theta=\mu N=0$，则$F=\dfrac{\mu mg}{\cos\theta+\mu\sin\theta}$。

要求最小值，利用数学中三角函数关系，令$\tan\alpha=\mu$，则有$\cos\alpha=\dfrac{1}{\sqrt{1+\mu^2}}$，$\sin\alpha=\dfrac{\mu}{\sqrt{1+\mu^2}}$，则$\cos\theta+\mu\sin\theta=1\times\cos\theta+\mu\times\sin\theta=\sqrt{1+\mu^2}\sin\theta\sin\alpha=\sqrt{1+\mu^2}\cos(\alpha-\theta)$，要$F$获得最小值，则$\theta=\alpha=\arctan\mu$；当$F$与水平方向成$\theta=\arctan\mu$时，有$F_{\min}=\dfrac{\mu mg}{\sqrt{1+\mu^2}}$。

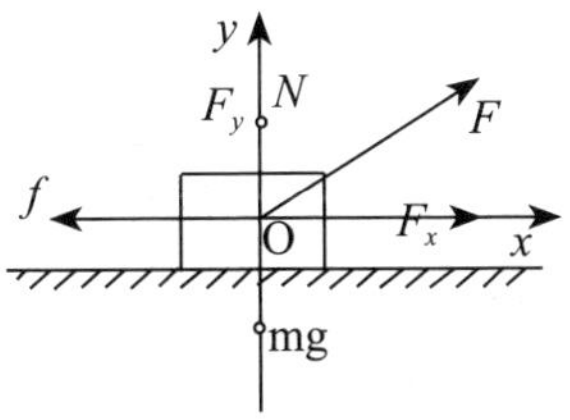

物块受力分析图

虽然数学方法在解决有些物理问题时十分方便，但是要注意切不可将物理问题“纯数学化”，求解时不仅要列出数学式子，还要写出相关物理依据。在用数学方法得出结果时，还必须分析其物理意义。符合物理情境的答案，才是最终的结果。

（2011年5月10日于镇巴中学）

我的教学实践

我们认识到课堂教学有两项教育任务：一是传授一定的知识；二是启发少年对知识的渴望，启发他努力跳出课堂教学的范围去阅读、研究、思考。我们说必须上好课，它的含义首先是使少年的智力生活中不仅只有课内学习。要是做到了这一点，课堂教学就成为少年精神生活所期望的源泉，教师成了这个源泉很好的开掘者和保护者，而书籍成为吸收文化的宝库。

——《苏霍姆林斯基选集》第3卷第584页

学生有了兴味，就肯用全副精神去做事情，所以“学”和“乐”是不可分离的。学校里面先生都有笑容，学生也有笑容。有些学校，先生板了脸孔，学生都畏惧他，那是难免有逃学的事了。所以设法引起学生的兴味，是很要紧的。

——《陶行知全集》第一卷第268页

物理学习方法浅谈

物理确实比较难学，单靠死记硬背是学不好的。那么，如何学好物理呢？我谈一些粗浅的看法。

物理和其他课程是息息相关的，要想学好物理，还要学好数学、化学、语文等课程。实际上在学校，我们见到的学习好的学生，各科都学得较好，学习差的学生各科都学得较差。这里确实存在一个学习方法问题。下面就针对物理学习的特点，针对“如何学好物理”这一问题提出几点具体的学习方法，供同仁和学生参考。

一、注重“三个基本”

“三个基本”即基本概念要清楚、基本规律要熟悉、基本方法要熟练。关于基本概念，举一个例子，如速率，它有两个意思：一是表示速度的大小，二是表示路程与时间的比值（如在匀速圆周运动中）。而速度是位移与时间的比值（指在匀速直线运动中）。关于基本规律，比如平均速度的计算公式有两个$V=s/t$、$V=(V_0+V_t)/2$经常会用到。前者是定义式，适用于任何情况，后者是导出式，只适用于做匀变速直线运动的情况。关于基本方法，比如研究高中物理问题常采用的是整体法和隔离法，就是一个典型的相辅相成的方法。最后再谈一个问题，属于“三个基本”之外的问题，就是我们在学习物理的过程中，总结出一些简练、易记、实用的推论或论断，对帮助解题和学好物理是非常有用的，如 “沿着电场线的方向电势降低”“同一根绳上张力相等”“加速度为零时速度最大”“洛仑兹力不做功”等。

二、注意弄清物理过程

要对物理过程一清二楚，如果物理过程弄不清必然存在解题隐患。不论题目难易都要尽可能画图，有的画草图就可以了，有的要画精确图，要动用圆规、三角板、量角器等，以显示几何关系。画图能够变抽象思维为形象思维，便于更精确地掌握物理过程。有了图就能做状态分析和动态分析，状态分析是固定的、死的、间断的，而动态分析是活的、连续的。

三、专心上课

宋代词人黄庭坚总结出“用心不杂，乃是入神要路”，这说明了专心的重要性。上课要认真听讲，不走神，不要自以为是，要虚心向老师请教。不要以为老师讲得简单而放弃听讲，如果真出现这种情况可以当成复习、巩固。尽量与老师保持同步，不能自搞一套。入门以后，有了一定的基础，则允许有自己的学习方法，学得越多，自己的东西也就越多。

四、勤记笔记

上课以听讲为主，但也要善于记笔记，有很多东西都要记下来。现代军事家陈毅说：“应知学问难，在乎点滴勤。”知识结构、好的解题方法、好的例题、听不太懂的地方等都要记下来。课后还要整理笔记，不仅是为了“消化好”，还要对笔记做好补充。笔记本上不只是记老师讲的，还要记一些读书摘要，自己在作业中发现的好题、好的解题方法也要记在笔记本上，就是同学们常说的“好题本”。辛辛苦苦建立起来的笔记本要进行编号，以后要经常看，要做到“本不离手”。

五、充分利用时间

时间是宝贵的，没有了时间就什么也来不及做了。时间就是生命，所以要注意充分利用时间，而利用时间是一门非常高超的艺术。例如，可以利用“回忆”的学习方法节省时间，睡觉前、等车时、走在路上等这些时间，我们可以把当天讲的课一节一节地回忆，这样重复地学，能达到强化的目的。物理题有的比较难，有的题可能是在散步时想到它的解法的。学习物理的人脑子里会经常有几道做不出来的题储存着，念念不忘，不知何时会有所突破，找到问题的答案。

六、虚心向别人学习

《尚书》中记载“满招损，谦受益”，意思要虚心向别人学习，向同学学习，向周围的人学习，看人家是怎样学习的。经常与别人进行“学术上”的交流，互教互学，共同提高，千万不能自以为是。当然也不能保守，有了好方法要告诉别人，这样别人有了好方法也会告诉你。在学习方面要有几个好朋友。

七、注重知识结构

要重视知识的内在联系，要系统地掌握好知识结构，这样才能把零散的知识系统起来。大到整个物理学的知识，小到某方面的知识点，甚至具体到章，如静力学的知识等。

八、要学好数学

物理的计算要依靠数学，对学物理来说数学太重要了。没有数学这个计算工具物理学是寸步难行的。大学里物理系的数学课与物理课是并重的。一定要学好数学，利用好数学这个强有力的工具。

以上粗浅地谈了一些学习方法，更具体的、更有效的学习方法需要自己在学习过程中不断摸索、总结，别人的方法也要通过自己去检验才能变为自己的东西。

（2009年9月10日于镇巴中学）

物理课型对应的教学方法

一、物理概念的教学

物理概念是反映事物的物理现象的本质属性的思维形式，是构成物理知识的最基本的单位。教学时要注意：①明确概念引入的必要性和事实依据；②只有明确、掌握概念的定义，才可能明确、掌握被定义的概念；③了解概念的种类（矢量、标量、状态量、过程量、特性量、属性量以及某种物理量的变化率等），以便于用比较法教学；④理解概念的定义、意义和有关概念的联系与区别；⑤定义的语言表达形式可以不同，但数学表达式应该相同；⑥注意从定义式导出被定义的物理量的单位。

1. 教学方法

讲授与实验相结合、类比与推理相结合，适当巧用数学定义法。

2. 概念举例

（1）速度：描述物体运动状态的物理量，是矢量。一般定义为描述物体位置变化的快慢和方向的物理量。对具体的运动状态来说，速度的外延有平均速度、瞬时速度、匀速运动的速度。

（2）力：由于力的内涵少外延多，只能利用学生已有的生活经验和简单的实验，从几种具体的力抽象出力的初步概念，并注意以后逐步提高、加深和完善。

（3）功：量度能量转化的物理量，是过程量、标量。由于先讲功后讲能，所以这节课的教学重点应放在功的量度上，从实例的分析得出做功的两个不可缺少的因素，然后规定计算功的公式就是这两个因素的乘积。

（4）压强：描述压力作用强度的物理量，是状态量、标量。教学时注意：一般定义式（$p=F/S$）普遍适用于固体和流体，而$p=\rho gh$只适用于密度均匀的流体。静止的固体能等值“传递”压力，由于受力面积的变化，不能“传递”压强。液体能“传递”压强，由于具有流动性，不能“传递”压力。

（5）密度：表征物质的一种特性的物理量，是由物质内在因素决定的（分子的质量和单位体积的分子数）。密度的教学一般通过实验确定物体的质量跟体积的比值，得出密度的定义。需要注意的是，举实例和具体数据说明物质的密度跟它的质量、体积不成正、反比关系。

二、物理定律的教学

物理定律是物理规律的一种表达形式。通过大量的观察、实验归纳而成的结论，反映物理现象在一定条件下发生一定变化过程的必然关系。物理定律的教学要注意：首先要明确、掌握有关物理概念，再通过实验归纳出结论，或在实验的基础上进行逻辑推理（如牛顿第一定律）。有些物理量的定义式与定律的表达式相同，必须加以区别（如电阻的定义式与欧姆定律表达式的变形式具有同一形式：$R=U/I$），且要弄清楚相关的物理定律之间的关系，还要明确定律的适用条件和范围。

1. 教学方法

主要采用实验教学法，在实验过程中控制变量与建立理想模型有机结合、推理与归纳有机结合。

2. 定律举例

（1）牛顿第一定律。采用边讲、边讨论、边实验的教法，回顾“运动和力”的历史，教会学生科学研究的一种方法——理想实验加推理法。教学时应明确：牛顿第一定律所描述的是一种理想化的状态，不能用实验直接加以验证。牛顿第一定律确定了力的含义，引入了惯性的概念。惯性既不是状态量，也不是过程量，更不是一种力。惯性是物体的属性，不因物体的运动状态和运动过程而改变。

（2）欧姆定律。初中讲欧姆定律是通过实验得出的，其公式为$I=U/R$或$U=IR$。教学时应注意：①“电流强度跟电压成正比”是对同一导体而言的，“电流强度跟电阻成反比”是对不同导体而言的；②I、U、R是同一电路的三个参量；③高中讲闭合电路的欧姆定律的教学难点和关键是电动势的概念，并用实验得到电源电动势等于内、外电压之和；④中学所讲欧姆定律表达式中的R是比例恒量。

三、物理原理的教学

物理原理是物理学中具有普遍性的基本规律。教学时应尽可能通过实验得出在特殊情况下原理内容的表述法，再通过逻辑推理，推广为具有普遍性的结论。

1. 教学方法

主要采用实验教学法，在实验过程中控制变量与建立理想模型有机结合、推理与归纳有机结合。

2. 原理举例

（1）阿基米德原理。“任意形状的物体浸在液体里受到的浮力怎样计算？”从这个较为普遍的浮力计算问题引入课题。通过实验可以得到浸在水里的物体受到的浮力的阿基米德原理。改用另一种液体重做实验，并把结论推广为适用于液体的阿基米德原理。再演示物体在气体中受到浮力的实验，这样把特殊情况下的阿基米德原理推广为适用于一切流体的具有普遍性的基本规律。

（2）功的原理。在复习使用机械“有时可以省力，有时可以省距离”的基础上提出使用机械可以省功吗？由此引入课题。最好先让学生根据功的两个必要因素和机械的关系进行讨论，然后通过实验证明利用某种机械不能省功，再分析使用其他机械也不能省功的例子，从而推广得出“使用任何机械都不能省功”的结论。实际上，使用任何机械都是要消耗能量的，并且使用机械越多，能量损耗越大，这在“机械效率”教学时应进一步说明。

四、物理定理的教学

物理定理是通过以物理定律做论据而证明具有正确性的结论。教学时应注意使学生明确定理的推导过程，利用定理解题的优点和方法。

1. 教学方法

根据已有的结论，主要采用数学推理的方法。

2. 定理举例

以动能定理为例。根据学生的水平由学生或师生共同推导出动能定理的公式，再做以下讨论：①动能定理是反映功和能关系的一种特殊形式，以物体为研究对象，不涉及其他形式的能；②明确功的正、负和动能增量的关系；③通过例题说明应用动能定理解题的优点和方法。

五、物理理论的教学

物理理论是解释某种物理现象的学说，是由实验概括出来的关于现象本质的系统的结论。中学物理中相关物理理论大多是关于物质结构和微粒运动的学说，如分子运动论、电子论、光子说、原子结构。这些理论对中学生来说，抽象难懂，枯燥乏味。教学时应特别注意语言生动，恰当运用比喻，并尽可能采用实验（或模拟实验）和多媒体手段等来提高学生的兴趣和理解能力。

教学方法：通常采用观察、建立理想模型、类比、模拟实验、假说等方法有机结合。

（2014年4月15日于镇巴县长岭初级中学）

研究物理问题的一般方法

一、控制变量法

控制变量法是根据研究目的，运用一定的手段（如实验仪器、设备等）控制自然事物、自然现象发生发展过程中的某些条件，研究其他物理量之间的变化关系的一种研究方法。

自然界发生的各种现象往往是错综复杂的，被研究的对象往往不是孤立的，要想精确地把握研究对象的各种特性，弄清事物变化的原因和规律，必须对研究对象加入人为的影响，造成特定的便于观察的条件，这就是控制变量的方法。

例如，研究电流与电压、电阻的关系时，先把研究对象确定为一个定值电阻，研究电流与电压的关系，再研究电流与电阻的关系，进而得出欧姆定律；研究气体的温度、体积、压强这三个状态变量之间的关系时，首先把研究对象限定为一定质量的气体，然后研究在温度恒定的条件下，它的体积与压强的关系，得出了玻意耳定律。

在初中教材中，研究密度、压强、电流，等等，都用的是控制变量法方法。

二、类比

类比是根据两个研究对象在某些属性、特征上的相似或相同，从而推断出这两个研究对象在其他属性、特征上也可能相类似的研究方法。

自然界的事物和现象尽管是千差万别的，但在一些事物和现象之间，往往具有某些相类似的属性和特征。采用类比方法就是用已经认识了的事物和现象为还没有认识的并且与之相类似的事物和现象提供类似的说明。

例如，用水流类比电流，用水压类比电压，库仑用万有引力定律类比两个点电荷之间的作用力得出库仑定律的表达式，等等。

三、理想模型

人们在观察自然现象时，常会发现要研究的对象中的一些性质对于现象的过程及其最终结果具有决定性的影响，而另外的一些性质则起次要作用。为了便于研究，人们在观察和实验的基础上，运用抽象思维能力，忽略次要因素和过程，只考虑起决定作用的主要因素和过程，把研究对象形式化、纯粹化，这就是理想化的方法。

例如，质点、点电荷、理想气体，等等。

说明：①理想模型是以客观实体为原型进行科学抽象的产物，是对客体主要特征的反映。②理想模型是研究解决实际问题的基础。建立理想模型代替实际的研究对象，可以使研究的问题大为简化。③由理想模型建立起来的相应理论有一定的适用范围。例如，库仑定律只适用于“点电荷”的情况，理想气体状态方程只能近似地描述真实气体在低压、高温下各参量间的变化关系。

四、实验

为了能够仔细观察研究某一现象（或过程）发生的原因、特点、规律，应尽可能排除外界各种干扰的影响，突出主要因素，在一定条件下使这一现象（或过程）重演，这就是科学实验的方法。

说明：①实验是建立理论的基础，是检验理论的标准；②一般有以下几种类型的实验：模拟实验、析因实验、探索性实验、验证性实验、训练性实验、设计性实验、测定物理常数和物理量的实验。

五、观察

人们通过感官或借助仪器，有计划、有目的地对客观事物进行系统考察和描述，这就是科学观察的方法。观察是人们认识自然的最基本的方法，是获得感知、为建立科学理论提供原始资料的重要途径和手段。

说明：①观察有明确的研究对象和观察目的；②观察综合运用感官，并借助科学仪器考察研究对象；③观察力求全面把握研究对象的各种属性，并以科学理论判断和理解观察的结果；④观察是系统地、全面地、如实地考察自然事物，准确而周密地记录事实，并加以统计和概括，为揭露事物和自然现象的本质及其规律提供科学依据。

六、测量

测量是从量的方面对事物进行考察的一种研究方法。其目的在于深刻地、精确地把握事物的质的特征及其数量关系。物理学中要研究事物的规律，就需要对各种物理量（如长度、质量、时间、温度、电流强度、发光强度）进行考察和测量。

说明：①要有一个统一的标准；②必须建立在对研究对象有比较深刻认识的基础之上。

七、数学方法

数学方法是在科学研究中针对研究对象不同的特点，运用数学概念、方法和技巧，对研究对象进行量的分析、描述、计算和推导，从而找出能以数学形式表达事物的量的规律性的方法。

例如，伽利略的自由落体定律、开普勒的行星运动三大定律、牛顿运动定律和万有引力定律等不仅采用了实验方法，而且引进了数学方法。物理学的发展和数学方法的运用是分不开的。

说明：①数学方法为科学研究提供了简明精确的形式化语言。②数学方法为科学研究提供了数量分析和计算的方法。③数学方法为科学研究提供了逻辑推理的工具。例如，电磁波的存在并预言它以光速传播，是由麦克斯韦用数学“推导”出来的，15年后才由德国物理学家赫兹用实验证实；爱因斯坦通过对质能关系式（$E=mc^2$）的研究，预示了原子核反应中质量亏损所产生的巨大能量。

八、推理

以已知一个或几个判断为前提，得出新的判断为结论的思维过程就是推理。在推理过程中，已知的判断叫作前提，推导出的新的判断叫作结论——推论，把真实的前提和推论之间的必然联系叫作推理根据。一切推理都是由前提、推论和推理根据三部分组成的。

说明：①推理按前提的直接和间接来区分，有直接推理和间接推理两种。只有一个前提的推理是直接推理。②根据推理的思维进程的方向不同，又有归纳推理、演绎推理和类比推理等。

（2015年1月5日于镇巴县长岭初级中学）

初中物理教学方法的尝试

初中物理是初中课程中最难学习的一门课程，许多学生因不懂其中的“窍门”，不遵循学习的规律，因而在考场上屡屡受挫，总感到物理很难学。为了使感受到初中物理难学的学生走出困境，消除迷惘，我以自己的体会浅谈五点学习方法。

一、学习物理，要逐步树立物理思想

什么是物理思想？物理思想就是要按物理学科的特点、运用物理方法和辩证方法解决有关物理问题，要遵循物理规律，研究物理现象和过程，要善于观察和实验。这样的观点就是物理思想。物理学的特点就是以实验为基础，以物体运动和微粒运动为对象，以观察物理现象、模拟实验为手段，以分析现象和过程及探究为主要方法，研究物质运动规律及相互作用规律。

归纳地说，就是要有善于实验的思想，要有善于观察现象和分析过程的思想。只有具备这种思想，才能进入学习物理的情境之中，才能感受到学习物理的趣味，才能逐步领悟到物质世界的运动真谛，才能体会到迅猛发展的科学技术起源于最基础的实验。

二、学习物理，要逐步培养物理兴趣

学习任何一门学科都要培养兴趣。培养学生学习物理的兴趣有两个主体：一是教师，二是学生。

1. 作为教师，如何培养学生学习物理的兴趣

（1）做好教材中所安排的演示实验和小实验、小制作；初步引导学生进入妙趣横生的物质世界，初步了解物质运动规律。

（2）引导学生在课外认真观察自然现象和生活现象，鼓励学生做模拟实验，帮助学生分析现象和过程。特别要在失败的实验面前鼓励学生再次、多次实验，帮助学生分析误差，直到成功。

（3）带领学生观看科普展、聆听讲座，向学生介绍科技知识，让学生了解科技成果和科技领域里的千姿百态。

（4）讲课时语言要生动而丰富，把死板的理论描述“活”。

（5）把书本知识紧密联系生活实际进行传授。

2. 作为学生，如何培养学习物理的兴趣

（1）要树立乐于学习物理的观念，消除难学畏惧感，从思想上战胜自我。

（2）在教师的引导下，积极主动地去观察一些身边的现象，并亲力亲为想方设法地开展实验。在实验过程中对每一过程和现象逐一思考：为什么？

（3）多动手做一些自己感兴趣的常见的小发明、小制作，或模拟一些商品制作等。

（4）学会逆向思维，有助于理解和掌握知识。例如：①夏天要穿浅色衣服。逆向思维：夏天为什么不能穿深色衣服？②把“220V 100W”灯泡接入110V电路中，其实际功率是25W。逆向思维：为什么不是50W？③河里的水总是从高处流向低处。逆向思维：为什么不是从低处流向高处？

3. 分类学习，利用同一类的共同规律便于掌握要领

（1）概念。①定义：要弄清每个定义的物理意义、表达式、单位，要先理解，再记忆，并非背诵；②定律：要弄清定律所提示的因果关系或内涵；③结论：一般结论是经实验得出的，是对实验结果的描述，为了便于掌握要结合实验现象和过程进行理解。

（2）实验。要弄清课本上102个演示实验和15个学生实验所需器材、实验目的、过程、发生的现象、得出的结论，还要逐步学会分析误差。必要时对实验进行模拟，亲自动手做一做，更易掌握，也更有趣。

（3）习题。①回答题：是对概念的运用和加深，直接运用概念作答；②计算题：首先要清楚适用什么公式，然后弄清未知量与已知量的关系；③作图题：直接运用定律或规律作图，要符合题设条件。

4. 把物理知识与生活、军事、信息技术、环保等结合起来理解和应用

例如：①学习了行程和热值问题，帮助某司机算一算25.7kW汽车行程1000km至少需要燃烧多少千克汽油；②了解声现象之后，解释教室为什么没有回音；③知道热现象之后，帮妈妈解释高压锅为什么煮食物易熟，而高山上不能用普通锅煮食物；④学习电学知识后，知道台灯亮度可调和电器音量可调的道理；⑤学习力学知识后，知道火箭能上天的部分道理；⑥学习了压强知识后，知道为什么要种草种树不让泥沙流入江河。

物理知识来源于生活和自然现象，因此，只有把物理知识与生活实际结合起来才能理解和掌握，也只有不断地在生活中实验，才能充实和发展物理知识。

5. 注重讨论，抓好“三环节”，养成探究习惯

加强学生之间或师生之间的讨论，既利于明辨正误，也利于改进实验方法。

“三环节”是指：①课前预习，明白将要学习什么，重难点是什么，不易懂的知识点是什么；②课堂专心听讲，明白学习了什么和为什么；要善于发问；③课后复习，明白理解和加深了什么。这些是常规的经典方法，不可丢弃。

另外，还要注意：①独立做题，由浅入深，保质保量地多完成一些题目；②注重物理过程，尽量画图分析，辅助理解题意；③勤于向他人请教，虚心学习，善于讨论；④勤记笔记；⑤多参阅一些辅助资料；⑥应逐步培养探究精神，养成勇于探究未知知识的优良习惯，这是充实新知识的最佳途径。

在探究过程中必定有失败，但失败是成功之母。

（2007年8月发表于《中学物理》）

高一物理教学方法的尝试

一、做好初、高中物理的衔接

高中物理难学，难就难在初中物理与高中物理衔接时出现的“台阶”。这个台阶存在于物理教材内容、教学方法和学生的学习能力、思维方法与心理特点上。初中物理学习的物理现象和物理过程，大多是“看得见，摸得着”的，而且常常与日常生活现象有着密切的联系。学生在学习过程中的思维活动，大多属于以生动的自然现象和直观实验为依据的具体的形象思维，较少要求应用科学概念和原理进行逻辑思维等抽象思维方式。初中物理的练习题要求学生解说物理现象的比较多，计算题一般直接用公式就能得出结果。高中物理学习的内容在深度和广度上比初中有了很大的扩展，研究的物理现象比较复杂，且与日常生活现象的联系也不像初中那么紧密。分析物理问题时不仅要从实验出发，有时还要从建立物理模型出发，要从多方面、多层次探究问题。在物理学习过程中抽象思维多于形象思维、动态思维多于静态思维，需要学生掌握归纳推理、类比推理和演绎推理的方法，特别要具有科学想象能力。

刚从初中升上高中的学生普遍不能一下子适应过来，都觉得高一物理难学。如何搞好初、高中物理教学的衔接，降低初、高中的物理学习台阶；如何使学生尽快适应高中物理教学的特点，渡过学习物理的难关。

1. 注意新旧知识的同化与顺应

同化是把新学习的物理概念和物理规律整合到原有认知结构的模式之中，原有认知结构得到丰富和扩展。顺应是认知结构的更新或重建，新学习的物理概念和规律已不能为原有认知结构的模式所容纳，需要改变原有模式或另建新模式。

教师在教学过程中要帮助学生以旧知识同化新知识，使学生掌握新知识，顺利实现知识的迁移。高中物理教师应了解学生在初中已掌握了哪些物理知识，并认真分析学生已学过的知识；把高中教材研究的问题与初中教材研究的问题在文字表述、研究方法、思维特点等方面进行对比，明确新旧知识之间的联系与差异；选择恰当的教学方法，使学生顺利地利用旧知识来同化新知识，降低高中物理学习的台阶。

许多事例表明，学生能够比较自觉地同化新知识，但往往不能自觉地采用顺应的认知方式。在需要更新或重建物理新知识的学习中，应及时顺应新知识，更新认知结构。例如，初中物理中描述物体运动状态的物理量有速度（速率）、路程和时间；高中物理描述物体运动状态的物理量有速度、位移、时间、加速度等，其中速度、位移和加速度除了有大小还有方向，是矢量。教师应及时指导学生顺应新知识，辨析速度和速率、位移和路程的区别，指导学生掌握建立坐标系，选取正方向，然后再列运动学方程的研究方法。用新的知识和新的方法来调整、替代原有的认知结构，避免人为地“走弯路”而抬高学习物理的台阶。

2. 加强物理直观教学

高中物理在研究复杂的物理现象时，为了使问题简单化，经常只考虑其主要因素，而忽略次要因素，建立物理现象的模型，使物理概念抽象化。初中学生进入高中学习，往往感到模型抽象，不可以想象。针对这种情况，应尽量采用直观形象的教学方法，多做一些实验、多举一些实例，使学生能够通过具体的物理现象来建立物理概念，掌握物理概念，设法使他们尝到“成功的喜悦”。

3. 加强解题方法和技巧的指导

解决具体的物理问题，有时必须掌握一些特殊的解决问题的方法和技巧。例如，解决力学中连接体的问题时，常用到“隔离法”；解决对于不涉及系统内力，系统内各部分运动状态相同的物理问题，用“整体法”更简便。刚从初中升上高中的学生，常常是上课听得懂、课本看得明，但一解题就错，这主要是因为学生对物理知识理解不深，综合运用知识解决问题的能力较弱。针对这种情况，教师应加强解题方法和技巧的指导。

高中物理题目类型多、方法灵活，用到初等数学的知识较多。教师在强化概念的同时，应精心准备每一节习题课，提高习题课的效率。在上习题课前可先将题目布置下去，先让学生做，并让他们争先恐后地想办法解决。每想好一种办法便分享给大家看，实在想不出就相互讨论。在一些有难度的题目上，学生常常争论得面红耳赤，互不相让，到上习题课时，学生就特别专心；还有一些题目课前没有做出来，但因为课前他们已经将题目思考多次，所以上课也特别容易理解和听得懂。此外还要引导学生归纳和总结，把课堂上的知识和方法消化吸收。

另外，对学生作业的批改要认真、仔细。教师批改作业时，一要看学生是否会做；二看学生是否在认真做，书写是否规范、作图是否准确。对普遍存在的问题要集体更正，个别存在的问题个别更正，不合格的作业一定要重做。通过严格规范地批改作业，使学生形成良好的书写习惯和严谨的思维过程；通过精心准备的习题讨论、讲解以及运用各种各样的解题方法，使学生在由简单模仿到运用自如、由运用自如再到自我创造的发展过程中，逐步掌握一定的解题方法和技巧，提高解决问题的能力。

二、提高学生学习物理的兴趣

浓厚的兴趣将是人们刻苦钻研、勇于攻关的强大动力。孔子说：“知之者不如好知者，好之者不如乐之者。”爱因斯坦说：“兴趣是最好的教师。”杨振宁博士也说过：“成功的真正秘诀是兴趣。”学生一旦对学习发生兴趣，就会充分发挥自己的积极性和主动性。学生只有对物理感兴趣，才想学、爱学，才能学好物理。因此，如何激发学生学习物理的兴趣，是提高教学质量的关键。

1. 加强和改革实验教学，激发学生学习物理的兴趣

通过有趣、新奇的物理实验演示，激发学生的好奇心理，从而激发他们思索的欲望。用实验导入新课的方法可以使学生产生悬念，然后通过授课解决悬念。每节课的前十几分钟，学生情绪高昂，注意力集中，如果教师能抓住这个有利时机，根据欲讲内容，做一些随手可做的实验，就能激发学生的学习兴趣，使学生的注意力集中起来。例如，在讲动量和冲量时，让两支相同的粉笔分别从同一高度直接落到桌面上和落到有厚毛巾铺垫的桌面上，可以发现直接落到桌面上的粉笔断了，落到用厚毛巾铺垫的桌面上的另一支却完好无损，教师由此引入动量和冲量的概念。又如，在讲圆周运动的向心力时，可用易拉罐做“水流星”实验。按照常规认识，当易拉罐运动到最高处时，水必然往下洒，但从实验结果看却出乎意料，水并没有下落。接着使转速慢下来，学生会发现慢到一定程度时水会洒出，接着提出问题（要使水不洒落下来，必须满足什么条件），从而引入课题使学生在好奇心的驱使下进入听课状态。

2. 教师授课时要有良好的教学艺术

在教学中，教师富有哲理的幽默能深深地感染和吸引学生，使教师指导得轻松，学生学得愉快。

首先，教师的生动风趣能激发和提高学生的学习兴趣。教学是一门语言艺术，语言应体现出机智和俏皮。课前，教师要进行自我心理调整，这样在课堂上才能讲得有声有色，才能带着愉悦的心情传授知识，从而使学生受到感染。事实表明，教师风趣的语言艺术，能赢得学生的喜爱、信赖和敬佩，从而使学生对学习产生浓厚的兴趣，即产生所谓“爱屋及乌”的效应。

其次，教师授课时，要有丰富的情感，从而激励学生的学习情趣。丰富的情感是课堂教学语言艺术的运用，也是对教师道德情操的要求。一个教态自然的教师，走进课堂应满脸笑容，每字每句都对学生有一种热切的期望。大多数学生的进步都是从任课教师的期望中产生的。富有情感色彩的课堂教学，能激起学生相应的情感体验，能激发他们的求知欲，能使他们更好地感受和理解教材。

教学一方面是进行认知性学习，另一方面是情感交流，这两方面若结合得好能使学生在愉快的气氛中，把智力活动由最初简单的兴趣，引向热情而紧张的思考。所以教师要热爱学生，消除学生对教师的恐惧心理。当师生之间形成了一种融洽、和谐、轻松、愉快的人际关系时，教师就能更好地调动学生的学习积极性，同时指导学生改进学习方法，让学生在物理学习中变被动为主动。

最后，开展丰富的科技活动，培养学生物理学习的兴趣。我们可以结合国内外重大事件收集图书杂志、上网查询并下载大量有关物理学在现代科学技术方面的应用现状及发展前景的专题资料，精心组织、筛选，每学期出几期科普专栏，学生课前、课后都能观赏图文并茂、通俗易懂的科普墙报，让学生感受到物理就在身边，物理与他们现在和未来的生活息息相关，他们只有努力学习才能紧随时代的步伐。这样能激发学生较高层次的学习动机和探索科学的强烈愿望，使其保持学习物理的浓厚兴趣。

动动手，动动脑，开展第二课堂科技活动，给学生提供更多动手实践的机会。在动手实践过程中，学生必定会遇到一些问题，而这些问题反过来会进一步激发他们探索物理科学的愿望，增强他们学好物理的自信心。

三、加强学生的解题规范化要求

我认为物理规范化主要体现在三个方面：思想、方法的规范化，解题过程的规范化，物理语言和书写规范化。对此，高考也有明确的要求，如计算题要求：“解答应写出必要的文字说明、方程式和重要的演算步骤，只写出最后答案的不能得分，有数值计算的题，答案中必须明确写出数值和单位。”因此，从高考的角度来看，高中物理的规范化要求应当从高一时就严格抓起。具体来说应抓好以下几点。

1. 力学问题中必须要求画完整的受力分析图

运动学中要有画运动图景的习惯，这是至关重要的，是正确解决力学问题的关键。有的学生认为问题很简单，画图不完整，或根本就不画受力图。这是不对的，正确的结果往往难以得出。即使一时能得出正确的答案，但这种不良的习惯一旦慢慢养成，当遇到较为复杂的问题时，就不知道如何下手了。我有时甚至会宣传一种观点：力学问题当你不理解习题、难以下手时，对物体进行受力分析，往往会收到意想不到效果，正所谓柳暗花明又一村。运动学中画运动图景辅助解题，所起作用是其他方法不可替代的。我想我们所有同行在教学中都深有体会。

2. 字母、符号必须规范化书写

一些易混的字母从一开始就要求能正确书写，如u、v、μ、ρ、p，m与M等要认真书写，我在教学中就发现有不少学生m与M不分，那么表达式就变味了。受力分析图中，力较多时，如要求用大写的F加下标来表示弹力，用小写的f加下标来表示摩擦力，用F与F′来表示一对弹力的作用力与反作用力。力F正交分解时的两个分力F_x、F_y，初末速度V_0、V_t等。

3. 必须要有必要的文字说明

必要的文字说明是题目完整解答过程中不可缺少的文字表述，它能使解题思路表达得清楚明了，解答有根有据，流畅完美。

例如，有的学生在解力学问题时常不指明研究对象，一开始解题就是一些表达式，让人很难搞清楚这些表达式到底是指向哪个物体的；有的则是没有根据，即没有原始表达式，一解题就代入一组数据，让人也不清楚这些数据为什么这样用。有的学生在一些表达式中用到一些题设中没有的字母，如果不指明这些字母的意义也让人摸不着头脑。很显然这些都是不符合要求的。

4. 必须有方程式和重要的演算步骤

方程式是主要的得分依据，写出的方程式必须是能反映出所依据的物理规律的基本式，不能以变形式、结果式代替方程式。同时方程式应该全部用字母、符号来表示，不要把字母、符号和数据混合，数据式同样不能代替方程式。演算过程要求比较简洁，不要求把大量的数学运算过程写到卷面上。

（2010年1月发表于《汉中教育》）

高中物理教学应该加强自主合作学习

物理是一门实验性科学，高中物理教学比初中物理教学难度更大，知识更具有实用性。因此，我们在物理教学中要结合教学内容、学生实际、社会现实、生活现状等具体情况确定学习方式。根据学生自学能力，除了应用现在所倡导的自主学习、合作学习、探究性学习等学习方式外，还有哪些是应该注意的呢？在促进学生物理学习方式的转变中，人们正在提出、探讨着许多新的学习方式，这其中我们又应该遵循哪些原则？这些都是值得我们长期在物理课堂教学中探讨的问题。

一、让学生积极主动地参与学习

让学生积极主动地参与学习是物理学习方式转变的关键，如何让学生积极主动地参与物理学习过程呢？

高中物理课堂教学活动要在民主、平等、和谐、宽松的环境中展开，要求教师尊重学生的人格，对学生充满信任和理解，遇到问题与学生平等协商，使学生在自学课本的基础上较为自由和灵活地进行自我追求、自我想象、自我创新。学生自己在解决实际物理问题的过程中建构知识基础。学生建构知识需要教师的指导，学生建构知识是出于解决实际问题的需要，是根据对问题的分析讨论产生学习议题后而进行的。他们通过对课本的自学、查找相关信息，再结合教师的讲授建构知识。这样建构起来的物理知识将是灵活的知识，这样的知识才是他们自己的知识，是能够灵活迁移的知识。

教师在课堂教学设计时，要根据教学实际，应在知识上留有余地，并提供适量时间让学生自学、讨论和提问，这样可大大增加学生参与教学活动的机会。通过诱发学生的主体意识，发挥学生的主体作用，展示学生的主体人格，体现学生的主体价值，让学生在参与中学会学习、学会创新。

在教学中，教师要在质疑、诱导上多下功夫，鼓励学生大胆质疑、猜测。任何一门科学的发展起初都是大胆猜想。鼓励学生去探索、去思考、去发现，使学生养成独立思考、善于探索的习惯，自己去发现问题、解决问题。这种学习态度将使学生终身受益。因此，在教学中，除了培养学生的逻辑思维外，教师还应重视课本中的“实验探究”“拓展一步”“猜一猜”等，充分挖掘出教材中的猜想因素，适时诱导学生大胆猜想和实验，并善于对猜想进行科学论证，同时培养学生的质疑能力。创新思维从疑问和惊奇开始，无疑不思，无思不悟，无悟不进。

总之，教学过程要通过创设一定的参与情境来引发学生参与，不仅是从行为上的直接参与，更是情感、心理、思维的参与。只有这样，才能使高中物理学习活动焕发出生机与活力。

二、培养学生逐步掌握科学的方法

高中物理课程蕴含着丰富的科学方法内容，如观察与实验、比较与分类、归纳与演绎、类比与推理、抽象与概括、分析与综合、模型与模拟、猜想与假说等，它们组成一个大系统。物理学理论的建立遵循着这样的途径：观察实验—提出假设—设计实验—验证假设—理论总结—实践验证理论。要使学生体验、认识和掌握科学的研究方法和科学的思维方法，逐步养成实事求是的科学态度，以科学的态度和时代的责任感积极主动地参与到课堂教学活动中来，在教学过程中，就应充分挖掘教材中科学方法因素，使同一科学方法多次出现、多次运用，做到自觉地、坚持不懈地让学生进行科学方法的学习与应用。教学中要分析每章每节的科学方法因素，在确定知识、能力教学目标的同时还要确定科学方法教学目标，促使学生形成科学的思维方法，感受不断创新的科学精神。另外，还应创设诸如实验、讲座、交流、作业、竞赛等活动，让学生养成良好的学习品质，形成认真、严谨的科学态度，促进学生认知、情感、科学方法、态度与技能等方面的和谐发展。

三、培养学生的合作能力

在合作学习中，目前我们应把互动的中心更多地聚焦在生生之间关系的拓展上，因为这是当前教学实践中常常被人们忽视的一个重要领域。

在教学实践中，目前我们教学时所提倡和采用的互动方式主要是师生之间的双边互动。至于生生之间的互动则始终未能受到重视，因而教学中少有或根本没有多向型的互动方式；并且受传统教育的影响，我们往往把教师与学生之间的关系视为教学中唯一重要的关系，认为学生之所以能掌握知识、发展智力，主要取决于学生与教师的互动。虽然四五十个学生在一个教室里学习，但学习却是个体的、封闭的。听课、理解、做作业、考试等，除了学生与教师的单线联系之外，缺少横向的生生之间的沟通。

合作学习理论认为，生生互动是教学系统中尚待进一步开发的宝贵的人力资源，是教学活动成功的不可缺少的重要因素。因此，合作学习把生生互动提高到了前所未有的地位，并作为整个教学过程中一种十分重要的互动方式来加以科学利用。生生合作即合作学习，就是要提倡课堂学习活动化、交际化，如把学生分成各种各样的小组，进行讨论、辩论、陈述、完成项目等。与人合作不是不要学生独立思考，相反，没有独立思考就不可能担当起他所担任的角色，完成他所承担的任务。

学习方式对学习结果具有决定性的影响，要使学生形成坚实的物理知识基础，发展创新思维，形成终身学习的愿望和能力，促进学生有特色地可持续发展，就应该变革物理学习方式，并不断研究物理学习方式变革的新问题、新方法。

（2010年5月20日于镇巴中学）

高中物理教学应该构建多种教学方式

新课程以“为了每一位学生的发展”为最高宗旨和核心理念，突破和超越了学科本位的观念，真正把学生作为主体的地位确立了起来。它意味着新课程是“以人的发展为本”的学生观，是把学生看成有思想、有情感、有权利、有尊严和正在成长发展中的人，从而树立课程应为学生提供学习经历并获得学习经验的观念。俗话说，教学相长，新时代的教师应放下架子，在教育学生的过程中，与学生相互学习、相互启发，才能创造和谐、宽松的课堂气氛。

我经常在教学反思中感到有很多遗憾。在每一堂课有限的40分钟里以及在课外与学生交流的短短过程中是否真正体现了以学生发展为本的新课程理念呢？通过学习与实践，我领悟出在《普通高中物理课程标准》下要重新构建物理课堂教学方式，要充分激发学生思维，尊重和满足不同学生的需要，运用多种教学方式、方法和手段，创造快乐气氛，以学习方式的改变为突破口，培养学生的创新精神和实践能力，引导学生积极主动探究，让学生学会学习。

一、构建“引导探究式”教学方式，培养学生学习的创造性

《普通高中物理课程标准》指出，新课程改革的目标是：高中物理课程

立足于九年义务教育的基础，以进一步提高学生的科学素养为宗旨，激发学生学习物理的兴趣，尊重和促进学生的个性发展；帮助学生获得未来发展所必需的物理知识、技能和方法，提高学生的科学探究能力；激发学生的创新潜能，提高学生的实践能力。新的课程改革目标和新教材的出台无疑对作为素质教育主战场的课堂教学提出了更新更高的要求。素质教育的核心就是培养学生的创新精神和创造能力，因而在课堂教学中一定要放手让学生积极主动参与、乐于探究，实现教育过程中的师生互动，引导学生质疑、探究，创设一个能引导学生主动参与的教学环境，激发学生的学习积极性，培养学生掌握和运用知识的态度和能力，使每个学生得到充分的发展，挖掘学生的创新潜能。

“引导探究式”教学方式在本质上属于“发现式”教学方式。它有利于发挥学生在学习中的主体作用、激发学生学习热情，有利于发展学生能力和培养科学态度，同时改进了“发现式”教学方式耗时长、不经济，教师处于顾问地位的缺点。“引导探究式”教学方式更强调在教师的指导下的学生自主探究活动（两个重要的要素：一是学生自主探究，二是教师指导）。它的一般活动程序为“引导—探索—质疑—实验—归纳”。高中物理新教材中有很多教学内容（如有关物理概念、物理原理、物理规律的教学等）都可以采用“引导探究式”教学方式。

高中物理新教材改变了旧教材内容的“繁、难、偏、旧”和过于注重书本知识的状况，强化了课程内容与学生生活以及现代社会和科技发展的联系，教材内容有利于学生自主探究、调查与实践，更有利于教师实施创新教学，也为“引导探究式”教学方式在新教材中的运用提供了广阔的空间。“引导探究式”教学方式是实施创新教学的一种行之有效的手段，它能激发学生学习兴趣，更能培养学生主动学习和可持续发展的能力，是提高课堂教学质量的一种有效途径。

二、构建“开放式”教学方式，培养学生学习的合作性

《普通高中物理课程标准》要求改变课堂教学强调个体的接受性现状，倡导有效的接受与体验相结合、研究与发现相结合、独立自主与合作交流相结合的学习方式，培养学生收集与处理信息、分析解决问题及交流与合作的能力，培养学生研究性的学习能力。而转变学生的学习方式的新理念，取决

于教师“以人为本”的教学理念和教学过程中的开放度。“开放式”教学方式适用《普通高中物理课程标准》下的物理课堂，具有鲜明的时代性。“开放式”教学方式是指在课堂教学中创设一定的问题情境，通过学生主体的主动探索、思考研究，并在教师的帮助下而获取知识或科学结论的一种教学方法。其目标是培养学生通过自己的自学和思维来主动获取知识的能力。在这一过程中，学生不再是被动接受知识，而是主动参与知识的形成过程；在这一过程中，学生的学习兴趣被极大地激发，思维的独立性、研究技能和创新精神等也得到了很好地培养。

“开放式”教学方式一是体现了学生学习的主体性、主动性和合作性。“学生是学习的主体”。著名教育家叶圣陶先生说过：“教任何功课，最终目的都在于不教。”“开放式”教学方式改变了学生“等、靠、要”的被动情形。学生在这一“开放式”的教育氛围中，自己探索、辨析、思考，自己去历练，为其终身教育打下了坚实的基础。二是体现了教学的民主性与合作性。美国人文主义教育家罗杰斯提倡“圆桌教学”，即打破讲台与课桌的界限，师生间平等、民主地探讨问题，师生之间彼此平等、和谐、融洽地教和学，这种教学方式是否符合我们国情，可以尝试和借鉴某些可取部分。在“开放式”教学环境中，教师不再是“权威”，而是活动的组织者。教师应善于听取学生的不同见解，鼓励和肯定学生的发言，使“一言堂”的教学方式变为活泼、生动、积极的“探究式”教学方式。三是培养了学生思维的深刻性、创造性和批判性等优良品质，使学生掌握了正确的科学方法。在教师创设的问题情境下，学生积极探究，学习情绪处于最佳状态，通过探索知识的奥妙来品尝成功的甜蜜，从而使学生发现自我，认识自我，最大限度地挖掘学习潜能和提高课堂学习效率。

三、构建网络环境下的“自主式”教学方式，培养学生学习的自主性

教育部颁布的《基础教育课程改革纲要》要求大力推进信息技术在课堂教学的普遍应用，促进学生的学习方式和教师的教学方式的全面改革。网络环境的优势在于能够很好地培养学生获取信息、处理信息的能力，培养学生自主学习、与同伴交流合作研讨问题的能力，加强物理知识与社会、生活的联系。高中物理的理论教学一直是困扰许多物理教师的难题。例如，在高三

的原子结构部分教学中，由于微观粒子及其内部结构的不可感知性，多数学生感到难以理解。又如，关于“氢原子的电子云”的教学，我曾用过课本上的图片来解释，也用过相关模型进行直观教学，但实际效果并不理想。前者学生会误以为电子的运动有一定规律，后者则会让学生认为原子是一些实心的几何体。为此，我通过搭建网络平台、提供原创资料库、整合各种网络资源、准备必要的导学说明、设立广泛的交流空间、对学习效果在线评价、建立“研究性学习”的窗口等做法制作了网络课件“核外电子的绕核运动”，让学生自主学习。通过动画模拟，学生能真正体会到一种不同速率下的视觉印象，并能根据自己的认识水平选择相关内容学习、探索，真正认识和理解电子运动的特点及其描述的方法。

由此可见，网络环境下采用“自主式”教学方式，提高了学生学习的自主性。具体程序为：学生用网络课件自学→根据自己的兴趣和基础进行个别学习、分析和总结→学生与学生之间单向信息交流并得到教师的个别指导，达成自我意义建构→用习题进行在线检测、巩固和深化新知。它的显著特点是，利用学生对学习的主动参与、自主控制、自我探索，使学生能根据自身情况制订学习进程，以获得积极的学习情感。

在科技迅猛发展的今天，教师必须转变教学理念，用长远的教育观来培养和指导学生，并把握不同课程模块的特点，合理选择教学策略和教学方式，才能适应课程改革的要求。我个人认为“引导探究式”“开放式”及网络环境下的“自主式”等教学方式其目的都是引导学生自主学习、探究学习和合作学习，帮助学生形成终身学习的意识和能力，体现了新课程标准的基本理念。新课程标准给教师留下了较大的创造空间，教师应在实践中充分发挥主动性、创造性，为构建新课程标准下丰富多彩、充满朝气的物理课堂而努力！

（2010年5月25日于镇巴中学）

第三章

校本教研篇

只有当教师不把知识的积累和知识量的扩大视为教学过程的最终目的，而只是当作发展认识和创造力以及喜好钻研的灵活思考能力的一种手段的情况下，才能在教学过程中实现智育。

——《苏霍姆林斯基选集》第4卷第329页

要学会校本研修

教学过程中的智育成效取决于这样一些因素：学校全部精神生活的丰富，教师精神上的丰富、宽广的眼界、渊博的学识和文化素养，教学大纲的内容，教学方法的性质，学生在校和在家智力劳动的安排。

——《苏霍姆林斯基选集》第4卷第328页

我对校本研修的思考

一、为什么要求学校开展校本研修

1. 政府决策

2010年7月29日，《国家中长期教育改革和发展规划纲要（2010—2020年）》（以下简称《教育规划纲要》）正式发布。《教育规划纲要》描绘了未来教育改革和发展的蓝图，指明了今后教育改革发展的方向，开启了我国从教育大国向教育强国、从人力资源大国向人力资源强国迈进的新的历史征程。

2. 总体战略——强国必先强教

2020年教育发展的战略目标为“两基本、一进入”，即基本实现教育现代化，基本形成学习型社会，进入人力资源强国行列。

3. 校本研修中普遍存在的问题

（1）学生升学压力大。教师教学工作量大，对研究教学问题心有余而力不足。

（2）教师适应教学实践者的生活，不适应教学研究者的生活，对校本研修缺乏自信。

（3）校本研修流于形式，停于表面，不能从根本上解决教师教育教学实践中的问题；使教师不解渴、不买账，时间一长就又成了负担。

（4）部分教师由于只是为了生存而机械地做好备课、上课、批改作业等日常工作。没有创造性的工作极易使人产生职业倦怠感。部分教师对日常教学中出现的问题缺少敏感和热情，认为参与校本研修是一种负担。

4. 校本研修面临的现实问题

（1）教学问题研究仅停留于经验层面的交流，而没有上升为理性层面的思考与研究，无法提升教师的专业水平。

（2）校本研修中，大多数教师仅仅对教育问题进行描述，或者只是对教材教法进行介绍，统一备课、统一听课、评课，至于为什么的问题则很少问津，不能从根本上解决教师教育教学实践中的问题。

二、怎样理解校本研修

校本研修是学校的一种研究制度，也是教师的一种研究方式，是指教师在教育教学实践中将遇到的一些具有个性化和真实性的问题作为研究对象的一种教学研究活动。

校本研修的目的在于让教师通过积极有效地开展教学研究活动，提高课程实施和教学实践的质量，实现学生、教师、学校的协同发展。

（1）校本研修的目标：促进教师专业化水平提升。

（2）校本研修的作用：提高课堂教学质量。

（3）校本研修的抓手：课堂教学。

（4）校本研修的关注：教学细节。

（5）校本研修的聚焦：教学重点问题。

（6）校本研修的内涵：①校本研修是在学校中、为了学校、基于学校的一种教师教育新方式；②是以解决学校实际问题为途径，以提高教师专业化发展、促进学生全面发展及学校可持续发展为目标的行动研究范式；③是学校学习型组织建设及学校文化建设的一种有效途径。

（7）校本研修的“行动”特征。①研究的主体性。教师在研究中由被培训者、被研究者转变为主动研究者及对自身教学行为的反思者。②研究的实践性。校本研修从实际需要出发，在教育现场情境中去发现、研究和解决实际问题。③研究的指向性。“行动”研究通过在教育活动的具体情境中进行研究，提高行动质量，增强行动效果，是为了行动而研究。④研究过程与教学过程的相关性。教师“行动”研究的基本过程是在教学实践中发现、提出及解决问题。因此，校本研修可以简要地概述为“在教学行动中研究，研究教学行动，为改善教学行动而研究”。

（8）校本研修涉及的概念及关系。①校本培训是基础。它为校本教研开展和校本课程开发提供理论、方法、技能等方面的支撑。②校本教研是核心，校本培训的内容、方法、形式等要借助校本教研发展起来，同时校本教研的成果也可以转化为校本课程。③校本课程开发是归宿。通过校本培训、校本教研和校本课程开发，教师逐步建设自己的课程，提高实施课程的能力。④校本管理通过组织管理、课程管理、评价管理、资源管理、培训和教研管理等方面为校本研修提供保障。

三、教师怎样进行校本研修

（一）基于课堂教学的实践研究

这里主要讲两种形式的研修。

1. 以追踪教学问题为主的课题研究模式

以追踪教学问题为主的课题研究模式呈现“问题→设计→行动→总结”的循环往复、螺旋上升的过程。

（1）课题研究：教学问题向研究课题转换。①提出自己在教学中感受到的问题与困惑。②以小组为单位对问题进行分析、梳理、筛选。③分组。确立课题、认领任务，责任明确、任务驱动。

（2）课题与问题的关系。①研究始于问题，教师通过学习、交流、讨论、沟通，反思梳理自己在教育教学中遇到的问题，建立问题库，从中筛选研究课题。②课题一定是问题，但问题不一定是课题。③问题是一个独立的量，课题一定要体现两个以上变量之间的关系，例如，学生上课太吵——困惑，怎么办——问题，课堂教学调控策略的实践研究——课题。

（3）问题举例。①学生不交作业或者抄袭严重。②学校不开设实验课，学生看不到实验结果，学生实验结果与课本描述不相符。③生物概念多易混淆，怎样帮学生理清思路，理解概念？④怎样处理新老师和学生的关系？⑤如何培养学生的语文阅读能力？⑥导学案有效吗？如何有效应用？⑦在班额数目为50以上的班级，如何进行有效分组学习？⑧如何保证学生在小组中的讨论有效？⑨在学校硬件设备不允许的情况下，如何开展探究性实验活动？⑩如何改变后进生的厌学情绪？⑪针对生源极差的学校，如何进行有效教学？

（4）问题转换为课题。①问题：课堂上拓展问题时，如何做到收放自如？课题：××教学中问题拓展的范围及方法的研究。②问题：课堂上，怎样提升学生的表达交流的能力？课题：学生在学习中语言表达能力的研究。③问题：小组合作学习中，怎样让学生互教互学？课题：小组合作学习中学生交流的策略研究。④问题：如何对学生渗透热爱生命和生活的教育？课题：教学中情感教育的设计与实施策略研究。⑤问题：课堂上如何提高学生的兴趣，减少上课睡觉、聊天、玩手机的现象？课题：××课堂教学兴趣的实践研究。

（5）课题标题的确定。标题是一个主谓短句，一般包含三个内容：研究对象、研究内容和研究方法（至少包含前两个内容）。

（6）课题的申报及研究程序。①确立课题，填写申报书并申报；②课题组制订实施方案、研究计划；③分配任务，按计划实践研究；④定期召开课题组会议、定期小结；⑤切实搜集过程资料，不断反思研究过程；⑥终期总结、编辑结题资料；⑦完成结题报告，申请结题，推广成果。

（7）如何确立课题？必须是教学问题，必须是真实的、日常的、实际的、教师自己感兴趣的、有意义的问题。研究始于问题，但问题不完全是研究的课题。

（8）设计方案。设计就是制订研究方案，规划相关行动。任何研究活动，都必须有设计。大体规划研究什么、怎样研究、安排日程，如何备课，何时上研讨课，如何在这个过程中系统地观察和收集资料，等等。

（9）实践研究。实践就是根据设计方案开展活动。主要是上公开课、观摩课、研讨课或开展其他形式的教学活动。活动结束后要及时开展自我反思、集体研讨、同伴互助等活动，及时提炼和整理。

（10）反思研究过程。①反思是对有关实践活动进行审视、思考、分析。②参照标准：新课程理念、学生发展、教师发展。③反思结果要多样化呈现。关注细节、聚焦重点，观点碰撞、智慧共享，民主平等、文化支撑。

2. 以课例为载体的课堂研修模式

“教学设计 → 课堂观察 →评价反思”为开展校本研修的基本环节。

（1）以课例为载体的课堂研修模式主要是以教研组为单位的研修形式。

（2）研修的基本环节：教学设计 → 课堂观察 →评价反思。

（3）研修的特点：结构简单、周期短、成果单一。

（二）基于教育问题的实践研究

1. 校本研修的分类

（1）接受类——借鉴式校本研修：通过经验分享和理论知识的更新，促进教师将自己原有经验知识整合，重构自己的知识框架。

具体做法有专家讲座、读书活动、专题研讨及教学案例观摩等。

（2）反思类——探究式校本研修：在指导教师的指导下开展专业研修，有较大的自主权。

具体做法有个人研修、课例研修及教学诊断研修等。

2. 校本研修实践操作总结

（1）校本研修的内容：学科教学问题、德育教育、校本文化、后勤管理、团队工作等。

（2）校本研修的核心要素：自我反思、同伴互助、专家引领。

（3）校本研修的基本过程："问题—设计—实践—反思"四个环节。

这一过程基本贯穿校本研修活动的各个环节。

四、校本研修意境下的教师专业发展

1. 弥补常规教研非专业化指向的缺陷，实现研究过程的"四个专业化"

（1）教学设计专业化：包含课程目标设计、学情分析、课程资源选取与加工、教学流程组织、教学反馈与评价等。

（2）教学行为专业化：指教师通过说课及反复授课获得教学水平的提升。反复不是在同一层次和水平上的重复。有了专业的支持，所以教学行为的发展是可控的、可见的。

（3）教学观察专业化：与一般意义上的听课评课不同，课例研修中的教学观察不仅有了专业化的视角，而且要形成观课报告，这本身就是对教学观察者的专业促进。伴随着课例研修的展开，作为教学观察者的教师也在积累着教育教学的实践性知识。

（4）教学反思专业化：教学反思要有据可依，让反思建立在大量实际研究资料的基础上，避免反思的空泛。教师要在反思过程中回归教学的思维与时间场景，切实找到问题与症结，也要看清经验与优势。

2. 弥补常规教研的缺失，立足“四个认知点”

（1）跟踪测试：做 “目中有人”的教学研究，探索研修过程中学生发展的可能空间，紧密跟进对学生学习效果的测试，通过学生课程目标的达成水平来探究研修的效度。

（2）材料积累：通过研修过程中积累的研究素材来考究研修过程对教师发展的影响作用。教师能够对教学研究行为与材料积累过程建立相关性认识，就是教师对研究行为的重要突破。

（3）研讨展示：这是对课例研修结果最具外显性的评价与鉴定方式；通过召开各种研讨会议来展示研究成果，获得专业评鉴，这就使广泛的同伴互助与个人反思得以实现；而且开放式的研究氛围和对专业理论的实时学习与借鉴，使得专业力量的介入变成可能。

（4）文章发表：这是参与研讨教师水到渠成的研究成果。在研修过程中并不单纯注重写作发表，但是大量文本资料的积累将使教师开始用笔墨呈现自己的教学研究过程。研究与写作的结合是教师成长的个性化与去个性化结合的过程，成为教师自我意识与教育的专业意识双向发展的标准。

最后我用陶行知先生的一句话勉励大家：“捧着一颗心来，不带半根草去。”我也赞成成都师范学院刘裕权教授“教师的12项修炼”：①修炼自己的声音，让它引人入胜；②修炼自己的语言，让它妙趣横生；③修炼自己的眼睛，让它传神丰富；④修炼自己的表情，让它神采飞扬；⑤修炼自己的行为，让它规范专业；⑥修炼自己的学识，让它才思泉涌；⑦修炼自己的脾气，让它逗人喜爱；⑧修炼自己的个性，让它鲜明唯美；⑨修炼自己的心灵，让它平和美丽；⑩修炼自己的气质，让它超凡脱俗；⑪修炼自己的灵魂，让它崇高圣洁；⑫修炼自己的人生，让它阳光幸福。

谢谢各位的聆听，并希望得到中肯的批评和热心的指教！

（本文是2016年至2017年“名师大篷车”活动及多次送教活动中的讲座稿）

落实校本教研的实践

一、什么是校本教研

校本教研，简单地说，就是以校为本的教研，即教研阵地在学校、教研素材取于学校，教研的人力和财力在学校，教研的目的是为了学校。校本教研就是从学校的实际出发，实事求是地改进学校的教育教学环境、解决学校面临的课改中的实际问题，以提高学校的教育教学质量为宗旨而开展的教研活动。

二、开展校本教研活动的具体做法

1. 抓好“双常规”管理，夯实备课组活动和集体备课

学校各处室密切配合，协同共抓“双常规”，互通信息、互相弥补、常抓不懈，使教育教学工作有条不紊地开展，这是搞好校本教研工作的基础。学校成立了“课改工作领导小组”，其主要一环就是抓好备课组活动，夯实具体备课。14个备课组每周分别活动一次，由组长主持会议，每周由一人主讲下周的教学安排。在活动中主要解决这样一些问题：教材中的重点、难点、疑点，讨论每月每位教师写的札记，讨论每人提出的一个问题，研究学情、教情，解决作业中有价值的问题，讨论课题，等等。备课组开展集体备课并非要求同组人的备课内容和格式完全一样，也并非要求一个版本，而是同年级、同学科的备课宗旨一样，进度一样，有一样先进的教法，能共同解决疑难点，能互相取长补短、相得益彰。备课组活动有计划、有记录、有总结，每周由教研干事按时检查到会情况，并有领导到会指导会议。每周汇总，每月在全体教师例会上公布。每位教师的备课本每周由学校领导轮流检查课时数和质量，并评出等级，登记在册，学期结束时统计并奖优罚劣，纳入年度述职考核。

2. 严把听课关

要求每位教师每学期听课学习至少15节，教研组长和中层领导以上听课学习至少20节。听课分两种形式：一是各教研组统一组织，每听一节做出考勤，二是自由听课。学校教研室不定期检查“听课记录”的记载情况，比如节数、详略，是否真实等，检查一次公布一次，做到真实有效，避免抄他人听课记录的现象。

3. 认真开好教研组会

我们的教研组会每两周召开一次，主要是解决各学科中的突出问题、学习专业知识、了解学科前沿动态等。每次会议由分管领导到会指导和督查。每学期有计划，有检查，有记载，有总结，有评奖。

4. 扎实培训

我们的培训方式将按计划培训与不定时培训相结合。2006年我校校本培训共10次（其中按计划培训有8次），包括校本教材和校本研训的概念、教研成果的含义、关于课题问题、教研教改的必要性、远程教育技术的应用、传达汉中市中考研讨会的精神、《2006年中考解析》系列片介绍、教具学具制作原则、多媒体课件的制作、学习和研讨校外的优秀教案。培训的形式是全体教师培训与部分教师相结合、讲授式培训与自学辅导相结合。培训一律纳入考勤和业绩考核。

5. 挖掘校本教材

从2006年3月起，我们就着手挖掘校本素材，设想编辑一本符合本校特色，对学生有教育意义，有利于促进教育教学发展的教材，经过征集多方意见，五次改稿，终于于2006年9月出版了有自己特色的校本教材——《养成教育读本》。我们又专门召集两名专职教师与学校领导和政治教研组一起探讨了校本教材的使用情况，效果较好。

6. 切实开展全员赛教

2006年3月至5月，我们组织全体教师按科分时段全员赛教。各教研组的全员赛教必须有分管领导和学校教研室参加，严格按先说课，再上课，后评课的程序进行，无记名评分评定名次，并将说课稿和教案交教研室存档。2006年9月至10月由各教研组推荐的优秀选手参加校级赛教，学校要求所有选手必须使用三种模式中的一种参加校级赛教，严格程序和评选，无记名评分评定名次。

7. 加强课题研究

2007年初，我们首先向县教育学会申报立项课题3个，其后，又向市教育学会申报立项课题1个，于11月向省教育学会申报课题两个，10月底校级立项论证的课题批复了6个。对课题的研究按先立项，再论证，后结题的顺序申报上一级立项。论证过程中，采用的是行动研究法，主要是如实完成“课题实践论证评价表”“课题研讨记录表”“课题论证——案例课”“课题实践课实录”“课题小论文”“课题问卷调查”等（有一部分是学生完成，有一部分是同学科其他教师完成）。课题组每学期对研究的课题必须有总结和分析。学校教研室每学期召开一次课题研讨会。

8. 请进来，送出去，互相交流，加强学习

今年，从外地、外校引进了一部分先进的课例、教学资源、课件，让本校同学科教师学习。同时，送出去参加省、市骨干教师培训和新教材培训8人、参加市中考研讨会6人，回校后在教研会和备课组会上传达精神，不同程度地引领各学科教学教研。

9. 推广优质课实录

本学期我们共录制优质课14节，录好后，一是供各学科教师交流学习，一是作为教研成果上报备评和展示。

10. 全面推动，及时奖评

我们每学期或每学年评选和奖励的教研成果分类有论文类、札记和反思类、课件类、课题类、教具类、学具类、学生“三小”作品类、优质课实录类；评选和奖励的竞赛分类有教师赛教、学生学科竞赛；评选和奖励的组织或个人有先进教研组、先进备课组、教研先进个人、校级“名师”。这一系列活动的开展从不同层面、不同角度推动了日常校本教研活动。今年直接用于校本教研的财力总投入达78000元，约占学校办公经费的45%，对各种教研成果和教研活动进行及时奖评、总结和归纳，有力地促进了校本教研活动的开展。

三、开展校本教研活动取得的经验和教训

（1）校本教研形成制度化、长效化机制，使教研工作有章可依，有据可讲。

（2）主要领导重视，才能给予指导和督查，才能有物力、财力和资金的高投入。

（3）作为学校教研工作的组织机构——教研室，要能大胆创新、吃苦耐劳，不计名利、虚心学习，勤于思考、身先表率，密切联系群众和领导、深入调研，才能有力地推动校本教研工作。

（4）充分调动全体教师的力量，使人人参与，科科有课题，科科有成果。立足常规教学，坚持集体研讨，发挥集体优势，坚持“研、训、带、帮”一体化。

（5）教研、培训同时抓，检查到位、落实到位。对教研工作早请示、早计划、早安排；严检查、重效果，快奖评、多推广。

（6）与平行处室多协调、多沟通，和谐互谅。

由于我们的教研工作起步基调低，部分教师的教研意识还不是很强，成名的教研成果还没有，远程教育技术的应用尚未达到最大限度，这是我校校本教研工作的不足。校本课程的开发需要自主性、多样性；需要相互引进、相互交流，在借鉴和学习中完善和发展；需要联合开发实验。这些工作，我们还做得不够，今后力求完善。

四、对未来校本教研的展望

（1）进一步健全学校教研机制，尽快促成市级以上的“名牌”教研成果产生。

（2）与平行学校建立教研网络系统，结伴互助。

（3）最大限度地运用三种教学模式教学，加大对课件的制作和课题的研究力度，同时加大奖励力度。

（4）把“洋思经验”具体化，落实到各学科中、课堂中，力争有学习成果。

（5）大力推动名师队伍建设，以名师导研，为创立名校尽最大努力。

（2007年1月10日 于镇巴县泾洋中学）

校本研修实践

有经验的教师授课时，学生对规则和结论不是通过专门背熟而记住的，因为，不断地理解实例的同时，就把结论逐渐记住了。理解和熟记结合得越好，知识就学得越自觉，学生也就越会把知识运用于实践中。

——《苏霍姆林斯基选集》第2卷第581页

我所感受的校本研究

六十年沧桑巨变，教育发展日新月异。随着新课程改革的深化，校本研究已经在各级各类学校兴起。推进校本研究以促进素质教育已势在必行，因此，我们必须理解和把握它的本质，探究它的逻辑起点、价值追求、方法建构和成果运用。为此，我将就我所感受到的校本研究谈一点体会。

一、初涉教坛：我所经历的校本研究

我是20世纪80年代中期参加教育教学工作的，那时在教学活动中盛行的是“五环教学法”，基本上是以“一本书、一支笔、一个讲台”行走在教学天地间。那时，不是不搞校本研究，而是研究的对象很狭窄——只有教材，研究方法单一，研究的是教材中的疑点、难点、题型等，解决的问题是如何让学生会解题、会作文、会考试。教研组活动就是讨论一下某章节或某单元的题如何讲、课文如何讲，给学生讲哪些题、考哪些题、如何把学生考住。谈不上有什么研究理念，学生通过考试一卷定前程。

到了90年代，校本研究观念有所增强，研究范畴呈现广泛性，开始打破“五环教学法”的禁锢。教师开始倡导“教无定法”。教育理念开始转向发

展学生的综合素质，教研组活动也有了创新，研究的问题由书本转向课堂，由教材转向学生，由单科转向综合，由校园转向社会。考试的卷型也由单一的大题转向选择、填空、综合分析、实验等综合性较强，小知识点多、题小、面广的卷型上来，已经注重考查学生的综合分析和运用能力。

到了90年代后期，我们开始接触素质教育的理念。但那时，我们对素质教育仍只是名词意义上的理解，还不能完全理解它的真谛，也没有完全在教育教学活动中去落实真正的素质教育，也不可能落实到位。只有部分勇于探索和研究的教师开始实践，逐步总结实践体会。有先进教育理念的校长也不断派人走出去学习，请专家进校讲座。随着素质教育轰轰烈烈地开展，以校为本的研究也悄悄地走进了校园。从那时起我个人理解校本研究与素质教育是一对孪生兄弟，校本研究的目的就是为了素质教育的实现。

到了21世纪初，全国各地开展素质教育如火如荼，校本研究也如日中天，作为中年教师的我们在素质教育的浪潮中已感到“慢三步”了，它更加促进了我们在校本研究中努力跋涉。校本研究的形式已多样化，内容已丰富，涉及面已很广阔，参与人已由部分走向全体，出现了欣欣向荣的景象。

二、对比分析：校本研究的现状

从校本研究概念看，它是基于学校、在学校中、为了学校的研究，主体是校长和教师。这就表明认识和进行校本研究需要从“认识自己”开始。老子说：“知人者智，自知者明。”可以这样说，“认识自己”是“成事”“成人”的关键，是“做事”“研究”的起点。然而，我们现在许多人所进行的研究既不了解研究对象、研究者和研究条件，也缺乏认识自己，不注重研究问题的过程和解决问题的过程。

1.“认识自己”就是要认识教师

教师是实施教育的主体，也是校本研究的主力，进行校本研究必须对教师这个群体有所了解，这样才能弄清：哪些人能参与什么项目的研究，他们在研究中能担当什么角色；每个人应该在哪方面加强学习和提高；学校通过什么活动能让教师的素质得到提升。然而，直到今天我们还没有完全认识教师。

2.“认识自己”就是要认识学生

教育的目的是让人的潜能得到开发，校本研究就要从本校的学习者出发，从它的生命自然限度、性质、活动规律以及本校特有的文化去思考和设计开发策略，让学生的潜能得到最大挖掘。要了解学生的思想道德、文化知识和体育素养，了解他们的兴趣、爱好、能力、特长和存在的缺陷，以便针对他们的“原有素质”和“成长需要”变革教育行为，发展其成长的最大可能性，进而获得生命的自然开发。然而，我们今天还没有做到这样，还没有完全认识学生。

3.“认识自己”就是要认识学校

“一方水土养一方人。”学校有形的建筑、绿化，无形的思维方式和做事方式都对学生有潜移默化的教育作用。搞校本研究就要了解学校的传统文化、生存状态和发展规划，了解学校的教育、管理、办学条件和研究水平。其目的是要根据学校的实际现状，开展相关研究，实现研究目标，促进学校发展。然而，我们同样没有完全认识我们学校的过去、现在和未来。

我们大多数学校现在所从事的校本研究还停留在抄袭他人的做法、理念和本本经验上，缺乏自我创新和结合实际的研究；还停留在书本上的研究，缺乏对道德思想、传统文化、人文环境的研究；还停留在校内的研究上，缺乏对校外的教育思想和教育环境、社会、家庭的研究；还停留在对国家和地方教材的研究上，缺乏对“乡土”教材的研究。

这些问题，我们只是从宏观上讨论校本研究中存在的问题，如果从微观上讨论，存在的问题就更多了。这些问题，对于中等发达学校同样存在，对于偏远落后学校存在的问题就更多了。

三、潜心学习：我对校本研究的认识

1. 什么是“校本研究”

近五六年来我一直在思考：什么是校本研究？到目前为止，很多人虽然耳熟能详，但是，在内涵上不一定能准确把握。通过近年来的学习、培训和考察，我初步认识到：校本，是为了学校发展，在学校发生，基于解决学校面临的问题，以改进学校工作为实践指向。研究，是对某种困惑期待获得解释的愿望，是对待未知事物的一种态度，是一心一意地做事。校本研究是以学校自身条件为基础，以校长、教师为主体，针对学校现实存在的问题而开展的有计划的研究活动。它是校本教育研究的简称，是教育研究的分支。

校本研究是人们在学校教育管理实践活动中对教育现象的观察、思考，对教育问题的尝试性解答。它是立足于学校、基于学校的研究；它通过观察教育，对学校教育中存在的问题进行探究，从而找出解决的策略。校本研究是基于实践、源自实践的研究。教育实践中各种各样的问题迫切需要我们遵循客观规律进行探究，予以认真回答和及时解决。无论是教育思想的变革还是教育规律的探究，无论是教育内容的调整还是教育方法的创新，都应通过解决教育中的问题让人得到发展。这是教育研究价值的回归，也是对校本研究价值的明晰。

我们可以感受到校本研究并非“无本研究”，它是“生长”在教育教学活动上的研究。过去学校开展的研究实际上也是校本研究，只是研究的范畴与现在有差异，研究理念不同罢了。校本研究不只是本校研究，它不完全由教师对本校事件进行探究，其他单位人员参与的基于学校的研究也属于校本研究的范畴。校本研究也不同于校本教研。校本教研是校本教学研究，即教师对具体学科的研究与探索，而校本研究除了包含校本教学研究，还涉及学校其他领域的研究。

2. 校本研究涉及多个领域

（1）我们应该在研究中“让教师得到发展”。校本研究探究学校教育的伦理、事理和道理。“伦理指其成人目标，事理示其行事依据，道理言明行事成人规律。”（孙俊三《教育研究的境界》）从研究本身来说，它充满人文情怀，自始至终关注的是人的成长和人的价值的实现；它崇尚理性思考，不仅致力于对教育活动中需要的满足，也指向教育活动言之成理和行之有效。它的价值应在人文追求和理性思考中促进教师情感和智慧的共生。它关注个性探究，无论是成人目标还是行事依据都要立足校本；它关注共性总结，在个体成人、行事中必有其共性规律。它的价值应在个性探究和共性总结中促进教师能力和水平的提高。它需要教育理论的滋养，没有教育理论的支撑，这个大厦必然根基不牢。同样，它更需要教师在继承与创新中促进理论与实践的丰富。

（2）我们应该在研究中“让学生得到发展”。教育对象是人，教育的本质是学生生命的发展。这就要求无论教育管理还是教育研究，都要从学习者出发思考问题，“为了学习者生命自然发展”实施活动。校本研究是基于学校的一种研究，它的任务应该是一种“成人”的研究。它以研究教育活动中人的成长过程和完善机制为主要价值取向，揭示在特殊的教育交往活动中，施教者和受教者的养成、内化、共生的特点和规律，最终的本质就是让学生发展的可能性变成现实。

（3）我们应该在研究中“让学校得到发展”。校本研究的起点是基于学校，目的是为了学校。因此，校本研究不能不切实际，不能过多地追求理论的研究；也不要好高骛远，盲目地崇洋媚外，组织无法实施的实践研究。校本研究应立足本校，为了学校，探究教育教学方法和规律、学校发展变革的思路等。

（4）我们应该在研究中让“乡土”教材放出光芒。校本研究重在研究学校、家庭及社会的历史发展对教育教学发展的影响和作用。是否重视开发“乡土”教材是一个教育理念问题，“乡土”教材的开发是校本研究不可或缺的重要组成部分，将会对教育理论的丰富和发展提供可靠实践依据，是教育实践的具体表现。研究“乡土”教材有广阔的天地，认真研究必将会取得丰硕的成果。

到目前为止，很多人在认识上还有误区，认为：搞研究是专家的事，教师只要教好书就行了；教育研究太难，方法太复杂。这些看法把教育与研究对立起来，把教育研究的方法神秘化、技术化。这是一个观念转变的问题，需要时间的迁移。

四、他山之石：感悟校本研究的方法

校本研究作为草根化的教育研究，既要恪守严格的科学态度，又要本着“尊重实践”的原则。“教育总是作为人与人之间的生活在发生着，而正在发生的事情是尚未定义的，没有定义，意味着没有边界，没有边界意味着不可以纳入有形的层级结构，因此也就意味着研究并不一定要依循方法。”（宁虹《按过程序列展开研究》）研究方法的实质只不过是怎样做，怎样做好；研究的目的是获得解释，方法只不过是手段、工具。方法永远都是依从研究而不是研究依从方法。

基于这样的认识，校本研究应该按照过程序列而不是方法序列展开研究。从工作角度讲，就是探究如何把“工作做得更好”。把“工作做得最好的过程”是工作方法，也是校本研究的研究方法。从课题研究角度讲，就是探究如何把问题解决。当问题解决之时，这个研究解决问题的过程其实就是研究解决这一问题的方法。这个方法是具体的、特定的方法。既有别于观察法、调查法、实验法等一般的、基本的方法，又是对那些基本的、一般的方法的灵活组合与运用。总体来说，校本研究的过程主要由制订计划或提出问题、开展工作或解决问题、总结分析或实践问题三个先后接续的过程构成。研究开始—形成研究资料—分析研究资料—形成结论，这是研究本身的过程，每一个过程都被赋予实质内容（也是研究方法的建构过程）。在研究过程中，要运用和形成相应的研究方法。

校本研究还应该追求把形形色色的教育生活方式和教育存在状态揭示出来，把教育研究做到极致，为他人或其他学校的研究提供可借鉴的经验。这种研究从形式上讲是“教育叙事研究”，从实质上看，是通过“叙事”这一研究方法，揭示教育现象，探究学校教育中一些需要解决的问题，再通过问题的解决，形成解决问题的经验。“教育叙事研究”重在对教育现象进行“质”的研究以再现教育的“质”，重在对教育行为“意义”进行探寻以对教育行为进行“意义解释”。叙事为了研究；研究是为了剖析事件的“质”，解释现象背后的真实。教育叙事正是在“质”的研究中展开、分析、描述并完成的。“以真实为基础的教育叙事，其创造性体现在对未见之事的发掘，对叙事者自我思维方式和教育方式的重构，进而达到某种与教育事件弥合无缝的教育观的认知和发现。”（李政涛《教育研究的叙事伦理》）从这个意义上讲，教育叙事的过程，就是以叙述教育事件的方式实现对叙述者自我精神生命重建的过程，是构建新的教育生活方式的过程，是教育研究的过程。

五、展望未来 我们应该进行的校本研究

校本研究才刚刚起步，今后的研究道路漫长无涯。无论从工作角度看还是从问题角度讲，校本研究范围都很小——在学校中，但是“学校即社会”，其研究内容都是错综复杂、千头万绪的。教育对象是人，研究对象也是人，人的复杂性导致了教育现象千姿百态，教育问题千奇百怪。面对这些复杂的现象和问题，有的教师常因无从下手在问题的选择中错失良机，结果一无所获；也有的教师进行了很多个项目研究，虽然在一些项目上有了突破，但是最终对整个学校的发展并未起较大的促进作用。这些都受其“入口”选择和“进入”后的推进策略的影响。

问题即课题，工作即研究。那么多的问题和研究该从何说起？从何做起？

校本研究应从单项探究到整体推进。学校工作中问题很多，校本研究就要从这些问题入手，通过对问题的解决，形成解决策略，在此基础上，促进整体发展。这种选择把问题当课题，由易到难，由简单到复杂，符合人的认知和研究规律；同时，从小入手，便于解决问题，单项问题的解决也为整体问题的解决奠定基础。另外，研究者通过问题的解决，体验到成功的喜悦，增强研究兴趣，促进研究健康运行。但是，就这种研究而言，有的由于起初没有整体构建，研究过程中又没有结合学校发展思路推进，很多研究虽解决了教育教学中的一些困惑，却没有推动学校的整体发展。因此，在践行“单项研究到整体推进”的校本研究中，要遵循“个别—部分—整体”的思路，努力用单项研究的成果为整体改革服务。

校本研究应从整体架构到单项设计。每所学校都应该有自己的办学追求，校本研究可从办学目标入手，围绕办学目标需要做的工作选择课题。这种选择把工作当研究，有明确的方向，思路清晰，由理论到实践，又由实践到理论。办学目标尚未明确的学校，可根据校本教育的追求和社会的需求对学校的办学使命、教育理念等进行宏观架构，设计出学校的文化追求；然后，针对目标提出相关的分项任务，在研究中完成这些任务。这个文化追求既是学校发展的目标、思路、策略，也是校本研究的目标、思路、策略。文化追求的建构和形成过程就是校本研究的过程。这个单项任务既是工作目标、要求，也是校本研究的目标、要求。单项任务的分解和完成过程就是校本研究的过程。因此，在践行“整体架构到单项设计”的校本研究中，要遵循“整体—部分—个别”的思路，努力用“观念文化”引领其他文化建设。

校本研究践行的是“本土化”研究，而且相当多的校本研究都是基于学校内部环境和周围环境进行自我更新的“本土原创”，是“乡土”教材的具体内容。这样的研究对本校内部有很大的指导性。校本研究的价值在于能否为其他学校提供可借鉴的经验，让理论得到生长。因此，学校应该把已经形成的结论积极向其他学校推广，通过与其他学校的交流和实践，使研究的意义不断提升和扩展。

校本研究是实践研究，在学校实践中形成的认识更多属于实践经验。任何研究都不能只停留在实践层面，否则，其成果就会被埋没在封闭的校园里。校本研究的价值追求也不能仅定位为解决问题，而应该走向开放，为教育理论的建构填补空白。因此，我们应该把已经形成的感性认识设法向理性的经验转化，通过对实践经验的提炼、拓展和深化，不断再生、再创造新的理论。

校本研究永无止境，研究过程永不停息，研究成果永无终极。

（2010年3月在“陕西教育辉煌六十年”征文活动中荣获一等奖并入编同名书中）

研习基本素养是教师的“上岗证”

从对职业感受的角度讲，我把教师分为四个层次：无知教师、痛苦教师、快乐教师和完美教师。

刚入职的教师需要三到五年的适应阶段，在这个阶段主要是适应环境、学习方法，进入角色，所以是无知教师。

入行以后，我们都要经历人生应该经历的所有事情：拼命挣钱结婚、生孩子、赡养老人；完成本职工作；交朋结友；应付社会的各种压力；等等。如果说教育是快乐的，对大部分教师来说，这是假话（引2017年4月复旦大学钱文忠教授“不打不骂不惩戒，不是完美的教育”）。可以说我们所有教师都要经历痛苦的过程。因为我们工作成绩平平，事业无起色，所以在相当长的一段时间里是痛苦的。痛苦教师的特征：①工作压力大，忙于应付，业绩平平；②经常抱怨这不公平那不合理，愁眉苦脸；③经常想官没想到，要待遇没要成，凡事错位；④家庭不和谐，“内院”起火，外面烦事又多，孩子不如意，亲戚不顺心；⑤工资嫌低，钱不够用。如此种种有一条者就是痛苦教师。我们大部分教师正处在痛苦教师阶段。

有一部分人把自己的事处理得比较顺当，工作也顺心，领导也满意，工作成绩还出类拔萃，整天满面春风。因为他们摆脱了痛苦，所以就升级为快乐教师。快乐教师的特征：有良好的心态和价值观，有正确的人生观；把职业当事业，把工作当乐趣；与人友善，天天阳光灿烂；家庭和睦幸福，有时还显得天真烂漫。

成为快乐教师，应该是我们大部分教师的理想追求。如果你已经步入快乐教师阶段，你悟性又很高，又善于研究和实践，高瞻远瞩，硕果累累，那就是完美教师了（如叶澜、斯霞、魏书生、蔡林森、程华、叶澜、钟启泉、王国俊……）。

我们要追求的是：如何摆脱痛苦，从痛苦教师转型成为快乐教师。

我们要追问的是：如何才能做一名合格而快乐教师？

从生活角度讲，就是要：把功名利禄看淡一点，做到拿得起放得下，摆正位置，端正心态；本职工作自觉地做，不要让领导督促着做，并且做好；有理想（不是妄想、奢想），适而求之，顺而得之；与人友善和睦，宽容大度，不计怨恨；家庭和谐，尊老爱幼，团结邻里；知足常乐，随遇而安。

从职业角度讲，要有较高的教学艺术，有丰硕的成果，有敬重你的学生和同事。这几方面都来源于自己的基本素养。

那么，我们需要研习哪些基本素养？这些素养包括师德素养、备课素养、上课素养、听评课素养、说课素养、研究素养、反思素养和写作素养。

一、师德素养

道德是调整人与人之间关系的一种特殊的行为规范的总和。加强道德规范可以利用内心信念、社会舆论、纪律和法律法规。

师德是教师职业道德的简称，是指在社会和教育活动中教师处理各种关系的道德准则（规范），包括教师个体或群体的职业道德水平。

在十八大上，习总书记报告的第六部分“扎实推进社会主义文化强国建设”强调：要大力加强社会主义核心价值体系建设；弘扬民族和时代精神；广泛开展爱国主义教育；倡导富强、民主、文明、和谐的国家形象；倡导自由、平等、公正、法治的社会形象；倡导爱国、敬业、诚信、友善的个人形象。

新教育方针：坚持教育为社会主义现代化建设服务、为人民服务，把立德树人作为教育的根本任务，全面实施素质教育，培养德、智、体、美全面发展的社会主义建设者和接班人，努力办好人民满意的教育。

教师修养的价值取向：以社会满意为取向，以学生满意为取向，以家长满意为取向，以领导满意为取向，以学校满意为取向，以教师满意为取向。

我们加强师德修养的切入点——严格遵守六条《中小学教师职业道德

规范》。

（1）爱国守法。热爱祖国，热爱人民，拥护中国共产党领导，拥护社会主义。全面贯彻国家教育方针，自觉遵守教育法律法规，依法履行教师职责权利，不得有违背党和国家方针政策的言行。

（2）爱岗敬业。忠于人民教育事业，志存高远、勤恳敬业，甘为人梯、乐于奉献。对工作高度负责，认真备课上课，认真批改作业，认真辅导学生，不敷衍塞责。

（3）关爱学生。关心爱护全体学生，尊重学生人格，平等公正对待学生。对学生严慈相济，做学生良师益友。保护学生安全，关心学生健康，维护学生权益。不讽刺、挖苦、歧视学生，不体罚或变相体罚学生。

（4）教书育人。遵循教育规律，实施素质教育。循循善诱，诲人不倦，因材施教。培养学生良好品行，激发学生创新精神，促进学生全面发展。不以分数作为评价学生的唯一标准。

（5）为人师表。坚守高尚情操，知荣明耻，严于律己，以身作则。衣着得体，语言规范，举止文明。关心集体，团结协作，尊重同事，尊重家长。作风正派，廉洁奉公。自觉抵制有偿家教，不利用职务之便谋取私利。

（6）终身学习。崇尚科学精神，树立终身学习理念，拓宽知识视野，更新知识结构。潜心钻研业务，勇于探索创新，不断提高专业素养和教育教学水平。

莫触碰以下师德红线：①认知关注私欲化；②情感体验虚荣化；③意志调控异质化；④需要满足强权化；⑤人格表现情境化。

修德的价值在于成长，成长的关键在于坚守，坚守的期盼在于收获，让我们在修德、成长和坚守中收获体面的、有尊严的人生吧！

二、备课素养

《礼记·中庸》中说“凡事预则立，不预则废”，无论做什么事，事前有准备就可能成功，没有准备就要失败。教育教学更是如此。

备课是课堂教学的前提条件，是教学工作的重要环节，是提高教育教学质量的根本保证。备课水平的高低体现了教师教育理论水平和专业水平的高低。

苏霍姆林斯基说：“好教师是用一生来备课的。”

1. 备课的基本要求

（1）体现教学方案的有效性。

（2）体现学生的差异性。

（3）体现课堂生活化。

（4）体现资源的整合性。

（5）教学方式多元化。

2. 备课的对话意识

（1）与课程标准对话——理解理念，明确目标。

（2）与教材对话——明确教材的选编意图，确立教学目标。

（3）与其他资源对话——资源生活化。

（4）与学生对话——体现主体，尊重差异。

（5）与自己对话——转变角色，提升自我。

（6）与同伴对话——智慧交流，提高效率。

通过对话，才能因材施教，避免无效、低效、负效的备课。因而备课不但要了解学生知识的逻辑起点，沟通知识之间的内在联系，认识学生的现实起点，有效预留教学空间，而且要形成“教学过程不是预设不变的，预设是为了生成的有效，生成性资源要即时利用”的教学观。

3. 备课的主要建议

（1）从感性备课到理性备课。备课总要经历从感性备课到理性备课的过程。我们可以把这个过程划分为吸纳（收集备课信息）—构思（设计教学方案）—输出（编写教案）—修改（调整教学方案）四个阶段。

（2）从宏观备课到微观备课。①宏观备课；②中观备课；③微观备课。

（3）从板书到活动的备课程序。随着现代教育技术进入课堂，板书的功能逐渐被削弱，甚至是丢失。我通过对自己30多年教学生涯的感悟：教学板书是师生在课堂上最简易地利用视觉信息交流的渠道，是课堂教学的镜子，是教师引人入胜的“导游图”，是打开学生智慧之门的钥匙，是教师教学风格的凝练和浓缩。可见，板书在课堂教学中有着不可替代的功能。板书是对教学内容的加工和提炼，是教师教学能力的综合体现，是学生有效学习的途径，是教学设计严谨高效的保障。

三、上课素养

孙双金老师认为上好一堂课的基本步骤是：①引入课题，创造情境；②让学生阅读课文，阅读一段文字，比较图形、表格；③让学生思考问题（提出问题，合理设置问题的难度）；④让学生讨论；⑤让学生分析问题（学生表达，教师引导）；⑥让学生总结结论，总结知识。

许多专家认为，要上好课应具备的素养有：①扎实的功底；②精彩的设计；③真挚的情感。此三位一体，缺一不可。

1. 扎实的功底

优秀教师的语言应该充满魅力，优秀教师应当有深厚的文化底蕴，优秀教师应当有丰富的人文情怀，优秀教师应当具备扎实的教学基本功。

2. 有精彩的设计

（1）深入地把握教材。

（2）有大处着眼，小处着手的教学设计。

（3）入情入境的渲染、描述、讲解是课堂成功的保证。

3. 真挚的情感

强调教学设计应有主线贯穿始终；讲究教学结构张弛有度，训练密度疏密有间；追求先声夺人的教学效果，营造言有尽而意无穷的教学意境。

正因为一辈子都在准备，所以短短的40分钟才能备出精彩的课。优秀教师总是“功夫在课外”“台上一分钟，台下十年功”。

四、听评课素养

作为老师，你会听课吗？

一学期下来，不论是听他人的课还是被听课，每个教师听评课的次数都不少。你是不是觉得有时候听课不知道从何听起，听着听着就走神了？一堂课听下来没什么感觉，听课笔记仅仅是记录课堂的教学过程吗？其实听课听什么，是有门道的。

听课是教师从感性到理性的一种学习、评价及研究的教育教学方法。听课是评课的前提和依据。听课的一般步骤是听前有备、听中有记、听后有评。听课时要将听到的、看到的、想到的尽可能地记录在册。听后要组织评议交流。此环节要求听课者与执教者之间进行信息沟通与心灵对话，进行听课的反馈与思想的升华。没有听后评议的教师听课是一种不完整的听课。那么教师该怎样完成课堂听课的全过程呢？

1. 听声音

（1）听教师的声音。教师作为课堂教学的组织者、引导者与合作者，其声音体现着教师对教材处理的“文路”，决定着教师实现教学目标的“教路”，也影响着学生完成学习任务的“学路”。

教师的声音在课堂上主要起启发、谈话、组织、讲解、激发、评价、总结等作用。教师声音的高低、语调的轻重、语气的抑扬、语速的缓急等变化都会影响其“传道、授业、解惑”的水平和质量。

具体听什么呢？

首先，要听授课教师的提问是否具有思考价值，思维含量怎样，谈话是否具有吸引力、亲和力，表白是否具有管理和引领学生走进课题内容的效果，讲解是否清楚、精当，有无知识性错误；激发或探询是否符合学生的“最近发展区”；反馈、调整或评价是否及时、恰当，是否体现人文关怀，所有语言表达是否规范、流畅，是否具有启示性、感染性。

其次，要听授课教师在突出重点、突破难点、化解疑点方面的处理方式和应对策略。此环节通常是课堂教学的关键所在，最能反映教师钻研教材的深度与广度，最能体现教师的学科教学知识，也最能彰显教师落实新理念、新方法、新要求的程度，同时，这也是评课的重中之重。对此，听课者要集中精力听清、听细，必要时可借助设备进行录音。

最后，听课教师要听执教者在整个课堂的组织安排中详略是否得当，转换是否自然，主次声音是否分明，切换声音是否连贯，有无啰唆与废话，有无“点金”、幽默等个性化语言。

（2）听学生的声音。学生的声音状况最能体现其学习的主动性、积极性和创造性，也最能演绎出课堂的风景。听学生的声音，关键在于听清学生对老师提问的回应，听清不同学生的发言。同时思考以下问题：学生的回答、发言是否对路、准确？表达是否完整？条理清楚与否？质疑问难是否大胆、高亢？只有会听学生的声音，才会知道学生参与的状态和情绪，才能了解学生的思维过程和心理需求，也才会明白教师的声音对学生产生什么样的影响。

（3）听对话声。课堂里的师生互动与多边交往所发出的无声与有声声音无不呈现出课堂教学的风貌。听课者要善意地听、辩解地听，要兼听，特别要关注“别开洞天，异想天开”的声音，捕捉“观点碰撞、智慧交锋”的声音，了解“吞吐难言、沉默不语”的心底之声。只有这样，才会更多地感知学生学习的气息。

2. 看表现

听课的看与听是同时发生的。就人的感官所获取的信息比重而言，看所获取的量远超出于听。看不仅能间接地获得听的有关信息，而且能够直接地获取人的体态以及一切可视行为的信息。听课当中的看主要指看师生的表现。

（1）看授课教师的表现。今天怎么做教师？在课堂上，很重要的一条就是教师如何将自己定位在一个正确的角色上。教师的衣着打扮、谈吐举止、神色变化都会影响学生。

因此，听课教师要始终观察执教者在课堂进程中基本素养和主导作用的发挥。看执教者的眼神、手势、面部表情等体态示意是否亲切、自然，是否体现热情、民主与关爱。

看教师的板书是否规范、合理，给人以美感，是否可浓缩为一则精辟的教案；看教师的媒体选择与运用是否恰当与熟练，出示的时机和时长是否合理；看教师的空间位移、眼光扫描是否瞻前顾后、左右悬殊，是否体现面向全体、关注差异；看教师指导学生学习是否得法；面对课堂的生成所做出的决策和处理是否灵活与巧妙，重组课堂结构是否有效；看教师的练习设计是否具有基础性、针对性和发展性。所有这些，听课教师都不能错过时机，必须看在眼里，记在脑里，落在笔上。

（2）看学生的表现。课堂上，学生学什么？怎样学？甚至还会干什么？特别是后两个问题时常挑战着教师，也正是这种不可预设往往会给课堂带来更多的生机与活力。

作为听课者，要密切关注学生在课堂活动中主体作用的发挥，如学生的求知热情高不高？兴趣浓不浓？思维活跃与否？学生真正参与教学过程的面广不广？参与的频率高不高？学生在什么时段其积极性开始弱化？大概有多少比例的学生有不间断、不同性质的违纪行为或心不在焉现象？学生正确的学习习惯、良好的学习品质、积极的情感态度是否得以养成？学生答题的正确率如何？是否有95%左右的学生达到了合格的教学目标？学生分析问题与解决问题的能力是否得到了有效培养？总之，听课教师要最大限度地把学生的所有表现尽收眼底，落在纸上。

3. 记过程

记过程就是听课教师要完成听课笔记。严格意义上的听课笔记绝非执教蓝本的翻版，而应该是集看、听、写、思于一体的研究文本，是执教者与听课者双方智慧的结晶。听课笔记怎样记？原则上应记载教学实录与教学评点两方面。

（1）教学实录。这通常是课堂教学的写真，是记录的“主件”。由于课堂教学过程复杂且有多层面的信息交融，听课者要想循着教学的轨迹，不借助相应的辅助手段或他人合作的力量，单凭个人力量是很难把课堂的“全景”描述清楚的。因此，教师的记录应讲究方式，做到有详有略，有描述有概括，有图示有统计，必要时可采取图形、代码、符号等速记方式记下情境内容、执教教师的问题设计等。

而对学生所做出的反应可分特殊表现与一般状况进行记述和概括；新知教学环节，尤其是突出重点、突破难点的过程要以对话互动的方式详细记录；教师的板书可进行“描摹”；讲解与归纳可结合内容适当略记。

对于整堂课的教学模式、各环节的大约用时、教师提问的次数以及学生答题的正确率，借助思考，可在记录本的最后（或在调查统计表上）以图示化、表格式等简约方式予以记录。这样能够确保将课堂教学的真实情境比较准确、完整地记下来。

（2）教学评点。这是听课教师感受、品味、思考教学情境的理性内容，是听课笔记的“附件”，是评课的原始素材，带有较浓的主观色彩。实践中，许多听课教师包括一些研究者在此留下许多空白。的确，对于一个缺乏敏锐的问题眼光和理智的评判精神的听课者来说，在有限的时空中既要看又要听还要记确实很难把握。对此，我认为，听课者要善于利用“空档”（如学生练习时）进行添补，想到什么就记什么，不求多但求有，以便在听后加以充实和完善。记录评点时，要与过程一一对应。课堂总评的记录主要是回顾、反思和概括本节课的主要特点和存在的主要问题或不足，听课教师要善于抓住特色，点出创新，找准不足，提出建议。

4. 思缘由

听课中的思考主要是与教师将执教教师“教什么、怎样教、教得怎样”

以及学生“学什么、怎样学、学得怎样”与教学情境相结合做出切实中肯的分析和评价，并对课堂中所发生的一些现象做出正确的解释。这是促进教师相互研讨、共同成长的根本所在。听课中的思考主要包括文本性思考、过程性思考和效果性思考。

（1）文本性思考。这要求听课教师想一想：执教教师是怎样处理教材的？他这样处理好不好？换个角度行不行？教学的起点找准了没有？执教教师对教材的结构编排、智力因素、情感价值和未来意义等挖掘的程度如何？有哪些欠缺和遗漏？如果让你来上这一节课，你又将如何用好教材，开发和利用与课题内容紧密相关的课程资源？这也就是听课者做到“有备而来”的原因所在。

（2）过程性思考。这涉及课堂教学的各个环节，思考的问题较多，主要有以下方面：听课教师要着重分析和思考教师的成功之处和不足的原因以及学生的出色表现和问题症结所在；着重考虑和判断教师的声音和行为可能对学生产生哪些相关影响；着重感悟和品味教师的新理念、新方法、新要求是如何体现在课堂教学之中的，并思考假如是自己来上这节课，相关之处该做如何处理？假如自己是学生自己对执教教师的启发讲解、点拨指导是否能接受和理解？听课教师要善于从大处着眼，从细节着想。

（3）效果性思考。这主要从师生的参与状态、思维状态和课堂效益上进行分析，从教学目标的达成度上进行审视。比如，教师的底气足吗？基本素养中哪些方面还须进一步提高？这节公开课教师平时会这样上吗？真的向常态课回归了吗？其借鉴性、实效性强不强？又比如，学生在上本课之前，是否接受过老师的“彩排”和交代？从三维目标的达成度上看，还有哪些方面尚须进一步探讨？这些都需要听课教师把握。有了上述的充分思考，就不愁评议无话可说了。

总之，听课教师应根据听课的要求和目的，有所侧重地将听、看、记、思的内容有机灵活地结合起来。如在执教教师启发讲解、学生在回应发言时，要以听为主，兼顾看与记；在执教教师板书、演示、运用媒体和学生在演练、活动时，应以看为主，兼顾记与思；在学生练习、执教教师巡视时，应以思考为主，兼顾看与记。课堂教学是“文路”“教路”与“学路”的“三路贯通”；观察课堂是“听声音、看表现、记过程、思缘由”的“四位一体”。我们只有不断学习思考，深入实践，才能融会贯通，也才能真正听好课。

听课教师把听到的、看到的教学理念、课堂结构、语言表达、逻辑顺序、知识正误、情感态度、有效程度等方面评出来，这体现了评课的基本素养。

五、说课素养

说课，作为教学、教研改革的一种手段，最早是由河南省新乡市红旗区教研室于1987年提出来的。实践证明，说课是提高教师素质，培养造就研究型、学者型青年教师的途径之一。说课的目的就是说清楚这节课是怎么上的？为什么这么上？要达到什么目的？

（1）说课的类型：课前说课、课后说课、评比型说课、主体型说课、示范型说课。

（2）说课原则：科学性、理论联系实际、实效性、创新性。

（3）说课的内容：说教学目标、说教材（包括课程要求、教材内容、内容的重难点、教材内容安排）、说教法方法、说教学流程。

六、研究素养

首先要回答一个问题：什么是研究？

研究不是偶然发现，但偶然发现可能导致有成效的研究；研究并非汇集数据和以某种形式表示数据的有效性、条理性、可论证性；研究不是概括总结已有的成果。研究是一个寻找对所研究问题的解释，确定因果关系的过程，其目的是揭示事物的本质和规律；研究过程能生成新知识并能检验其有效性；研究活动的成果可以用作决策依据。研究是一个探索新知识的过程，需要有条理地组织执行，以便能够对所获得知识的可靠性进行严谨的检验。

1. 科学的研究方法

按照普遍性程度的不同，科学的研究方法可以由低到高大体分为三个层次。

（1）具体研究方法（如写作方法、如何提高某方面的兴趣、如何有趣导入等），它们属于各门学科本身的研究对象。

（2）一般性研究方法（如数学、逻辑学），适用于自然科学和社会科学。

（3）哲学方法（认识论、辩证法），适用于所有学科。方法学研究的是一门学科的概念、理论体系和基本推理规则，即应用于该学科的科学哲学。有没有充实完善的方法论不仅是一门学科是否成熟的标志，而且是其能否不断发展的基本前提和必要条件。

2. 教师的研究素养

教师的研究素养主要指教师面对教育现象和教育问题，能够应用教育科学理论和方法，探索和揭示教育规律、解决教育问题的能力。

教师的研究素养主要包含教师的研究意识、理论素养、研究能力。

（1）研究意识。教师的研究意识是指教师富有创造性地进行教育教学工作，主动探究教育实践，丰富知识，完善思维，健全人格，促进发展，追寻教育教学新意义的精神力量的总和。培养教师的研究意识可以从研究的底气、研究的勇气和研究的朝气三方面展开。提升教师的研究意识，可以从两方面加以引导和实施：一是外部动力，包括制度激励、政策要求；二是内部动力，包括自我规划和理想追求。

（2）理论素养。教师的理论素养是指教师有意识地将理解透彻的教育理论知识运用于教学实践，指导自己设计教学、实施教学、反思教学、改进教学，做出明智教育教学决策的意识和能力。理论素养是一名教育工作者必备的基本素质，对教师专业发展具有重要意义。教育理论素养包含四个方面的内容：①具备教育理论知识；②具有教育理论意识和价值观；③具备教育教学能力；④能利用教育理论提高专业素质。教师提升理论素养，可以通过自我学习、培训、听讲座、交流等方法和手段进行。

（3）研究能力。研究能力是指教师运用一定的理论和方法，研究、解决教育教学问题的能力，是教师能力结构的重要组成部分。教师研究能力的提高，是教育发展的需要，是培养人才的需要，也是教师自身发展的需要。教师的研究能力主要包括以下几个方面：①发现问题能力；②解决问题能力；③分析评价能力；④实际动手能力。提高教师的研究能力，可以从以下几方面实施：①让教师的教学反思、教学总结常态化。②在集体备课和研究课的过程中提高教师的研究能力。③加强校本课程研究和科研合作。

研究素养的提高是教师进行有效教学的内在动力和必然要求，也是教师实现最优发展的重要途径。教师研究素养的提升主要通过教师研究意识的培养、研究理论方法的学习和研究实践能力的提升来实现。学校将根据自身发展的需要和教师的实际情况，通过建章立制，创设有利于实现有效教学的研究氛围和良好环境，引导广大教师进行专业阅读、专业思考和专业交流，对教师进行思想的引领、观念的启发、方法的培训。通过课题引导教师进行专题性研究，提升教师研究的实践能力，让一线教师申报课题，将现实问题提升为研究性课题，使教师的研究实践能力在课题研究的过程中生成和发展。同时激励教师在各级刊物上发表论文和撰写专著。“认识教育、完善工作、发展自我”的真实含义在于把关注的重点指向教师自身的教育实践，着眼于促进教育的进步，提高教师在复杂的教育情境中机智、有效解决复杂问题的能力。将教师视为一个有追求、有理想的实践者，达到专业成熟是其追求的理想境界。教育科研的大量事实告诉我们，“认识教育，完善工作、完善自我”是教师参与研究的真实目的，也是目前对中小学教师进行教育研究的意义与价值的清晰表述。

七、反思素养

叶澜教授说：“一个教师写一辈子教案，不可能成为名师，但一个教师写三年教学反思，就有可能成为名师。”

1. 什么是教学反思

教学反思是指教师以自己的教学活动过程为思考对象，对自己所做出的某种教学行为、决策以及由此所产生的结果进行审视和分析的活动。教学反思的内容是多方面的，如课程目标的反思、教学内容的反思、课堂组织的反思、学科目标的反思、单元目标的反思以及课程中具体学习活动等行为过程的反思。

2. 教师进行教学反思应有三方面的基本素养

（1）有反思态度。也许有人会心生疑窦，反思已经是在努力查漏补缺了，何来态度好坏之分？其实，现在的教学反思除了部分教师能自动自觉为之外，很多是由于学校大力提倡，甚至明文规定篇幅字数，因而质量参差不齐。有些寥寥几笔，纯属应付；有的东拉西扯，反思不到点上；即使有洋洋洒洒一大篇者，也不过是重复他人之言，毫无实际意义和价值。这样的反思，与我们的初衷相去甚远。长此以往，徒费时间笔墨而已。我想，反思贵在真实。反思的落脚点应是我们自己的教学行为。教学进程完毕，我们有什么想法有什么疑问，与组内的教师一起研究讨论，随机记录即成。

千万别把它当成一项任务、一种负担。用心感悟、用心反思，这才是反思的真谛所在！

（2）善于反思内容。反思教学内容，要反思这堂课的知识是否有错误和遗漏，教学方法是否合理。但这只能算作狭义反思。广义的反思指什么呢？我觉得，反思教学内容固然非常重要，但与之息息相关的教学行为与现象更值得我们深究。比如，我们时常感叹现在的孩子变得功利，而且低年级的学生不用奖品吸引、不给什么鼓励，就没有学习的积极性。反思即知，这种现象未必不是我们在日常教学中无意识引导造成的。怎样在把握学科功能性的同时给予孩子恰当的人文关注，使他们形成正确的价值观，需要我们深刻地反思。再比如，我们在听完一堂好课后，对他人精彩的教学设计羡慕不已，有时不禁困惑：自己也天天在研究教材教参，也能把文本读得非常通透，为什么就不能上出精彩的课呢？反思之后，我们才明白，这里还有个人阅读积累问题。一个教师所呈现的每堂课都与他自身的人文积淀有关。学识浅薄，无以支撑，自然会和优秀课例产生差距。坚持用一颗反思之心来看人待事，对我们的教学是不小的促进。

（3）善于反思效果。对教学效果的反思除了了解学生掌握的知识与技能外，还要分析学生是否养成良好的学习习惯，掌握了正确的学习方法与策略，以及在听课的同时是否积极思考、回答问题和参与讨论，是否能与其他同学合作学习，等等。教师可通过课堂观察、个别访谈、形成性测验等多种方式，及时了解自己的教学效果。反思这些方面，对自己的后续教学有很大的好处。

教学反思的方法：①写教学日志；②审视过程；③记录教育案例；④写教育叙事；⑤开展网络教研。

教学反思是我们教师成长的阶梯，它记录着我们曾经的迷茫，见证了我们洒下的汗水，更奠定了我们坚实的脚步。我们需要善待反思，全方位地反思，进行有效的反思！

八、写作素养

我今天讲的“写作”不是指文学创作意义上的写作，而是指“文字记录”——记录我们的教育故事、教育教学状态、教育经历、教学反思等。从这个角度讲，写作应具备什么素养呢？

1. 养成习惯，让写作成为常态化

有感人的事件就写，有灵感就写，有感悟就写。写作不是一时的冲动，要养成一种善写、想写、能写的习惯，养成一种爱好的记录习惯。要记录自己的教育教学轨迹和思想，而不是他人或组织给的任务。不能为“任务”而写，否则缺乏灵动。

2. 真实记录，为事实录像

很多专家和名师都主张，要想让作品真实，首先要为人诚实。作品的生命力在于真实的事实和真实的情感，是一个事件的重现。只有诚实做人，才能把事实的真“像”录得真切，才能情感丰沛，才有感染力和说服力。

3. 升华认知，力求见解深刻

文章主题——思想、情感、意蕴等不是凭空得来的，它是对事件的认识、是体察社会生活的结果。它的深刻程度与作者的认知水平相关，作者认知水平越高，其见解越深刻，其文章质量也就越高。

4. 思维品质，作品创新的关键

（1）思维的广阔性。思维的广阔性，即思维要有广度：一是要能全面考虑问题；二是要能从正反两方面认识事物；三是要能分清主要矛盾和次要矛盾。

（2）思维的深刻性。思维的深刻性即要求透过现象看本质，要能从简单、熟视无睹的事实中提炼出独特的见解和看法。

（3）思维的独立性。思维的独立性即善于独立地去发现问题和解决问题，而不是模仿或借鉴他人，包括独特性、发散性（联想、想象）、新颖性。

（4）思维的批判性。思维的批判性即不盲目地怀疑一切、否定一切，而是要分析、评价、判断，分析和反思策略性、全局性和严密性。

（5）思维的逻辑性。思维的逻辑性即遵循逻辑规律，不能前后矛盾，有漏洞。

（6）思维的灵活性。思维的灵活性指善于变通，不拘泥、不死板。

各位同仁，你们将肩负着新的历史使命步入教育行列，要时刻准备过一种既清贫又富有、既平淡又充实、既艰辛又快乐的教育生活。如果你把教育当成事业来做，有一颗热爱的心，我坚信你一定会有一个五彩缤纷、充满诗情画意的人生，你一定活得潇洒快乐！

以上粗浅略谈，见解偏颇，请同仁批评指正，谢谢！

（2017年9月23日在镇巴县新招录教师岗前培训会上的讲话内容）

班主任的核心素养及方法提升

（开场：有感情地朗读）小时候，家就是妈，妈就是家。没有妈，哪有家。说是要回家，其实是找妈。妈妈在哪儿，哪儿就是家。妈妈不在那儿，那儿就不是家……

一个班就是一个“家”，班主任就好比孩子的妈！

一、班主任具备的核心素养

中外历史上著名的教育家都是优秀的班主任。古代有捷克教育家夸美纽斯，有法国启蒙思想家卢梭，有中国教育家孔子、老子、孟子、韩愈、朱熹、徐光启等。现代有德国教育家赫尔巴特、英国教育家霍姆斯、美国教育家布卢姆、苏联教育家苏霍姆林斯基以及中国教育家陶行知、徐特立、斯霞、魏书生、李镇西等。所以说班主任工作是一种光荣、辛苦而幸福的工作。

我现在是一位班主任，套用一句曾经流传的话来说：当老师难，当班主任更难，当一位称职的班主任难上加难。但是，任何一种职业再苦，都有幸福的源泉。那么如何当一名称职的班主任呢？作为班主任应具备哪些核心素养呢？

带着这个问题，我们先来了解一下与核心素养有关的概念。

2014年3月30日，我国在正式印发的《教育部关于全面深化课程改革落实立德树人根本任务的意见》中提出要加快“核心素养体系”建设。核心素养体系从此被置于深化课程改革、落实立德树人目标的基础地位，成为下一步深化工作的关键因素和未来基础教育改革的灵魂。

二、核心素养到底是什么

核心素养不同于一般意义的素养概念，也不是所有素养，是人应具备的主要素养。核心素养是指人应具备的适应终身发展和社会发展需要的必备品格和关键能力，突出强调个人修养、社会关爱、家国情怀，更加注重自主发展、合作参与、创新实践。从价值取向上看，它“反映了人终身学习所必需的素养与国家、社会公认的价值观”。从指标选取上看，它既注重学科基础，也关注个体适应未来社会生活和个人终身发展所必备的素养；不仅反映社会发展的最新动态，同时注重本国历史文化特点和教育现状。在我国，社会主义核心价值观包含国家、社会、公民三个层面的价值准则。因此从结构上看，基于中国国情的核心素养模型，应该以社会主义核心价值观为圆心来构建。此外，它是可培养、可塑造、可维持的，可以通过学校教育而获得。

教师的核心素养有别于其他行业，是指教师特有的教育情怀和教育能力。什么是教育情怀？就是“爱满天下”。陶行知说：“没有爱就没有教育。”“捧着一颗心来，不带半根草去。”斯霞老师说：“我为自己一辈子是小学教师而自豪。”李吉林老师说：“我是长大了的儿童。”

什么是教育能力？可以分成四个方面：①文化底蕴（宽度和厚度）；②学科底蕴（专业程度）；③教学艺术（外显知识的内化程度）；④班主任能力。

三、为什么要提出核心素养

党的十八大提出，要把立德树人作为教育的根本任务。但立德树人靠什么来落实呢？这是个具体问题。

我国从建国到现在经历了九次教育改革：第一至三次（20世纪50年代—“文化大革命”时期）——脱盲教育，第四至七次（20世纪“文化大革命”时期—80年代末）——精英教育，第八次（20世纪90年代初—21世纪初）素质教育，第九次（2011年之后）核心素养教育。

历史的发展让人们意识到，知识教学要“够用”，但不能“过度”，因为知识教学过度会导致学生想象力和创造力发展受阻。

教育不能填满学生生活的空间，要留有闲暇。因为学校教育绝不是给人生画上句号，而是给人生准备好必要的“桨”。

更新知识观念是一种世界趋势。联合国教科文组织2003年发布“教育革新”白皮书强调，核心素养的培育需要终身学习，终身学习也需要核心素养。国际上多数国家、地区与国际组织都认为，以个人发展和终身学习为主体的核心素养模型应该取代以学科知识结构为核心的传统课程标准体系。

国际上长达20多年的研究表明，只有找到人发展的核心素养体系，才能解决好有限与无限的矛盾。

四、核心素养与学科课程教学是什么关系

一方面，核心素养指导、引领、辐射学科课程教学，彰显学科教学的育人价值，使之自觉为人的终身发展服务，让教学升华为教育。另一方面，核心素养的达成也依赖各个学科独特育人功能的发挥、学科本质魅力的发掘。只有踏上富有活力的学科教学之路，才能顺利抵达核心素养的彼岸。

核心素养与学科素养之间的关系是全局与局部、共性与特性、抽象与具象的关系。

对于教师而言，这是个巨大的挑战。首先是观念转型——教师要从“学科教学”转向“学科教育”。学科教师要明白自己首先是教师，其次才是教某个学科的教师；首先要清楚作为人的核心素养有哪些、学科本质是什么，才会明白教学究竟要把学生带向何方。

这也是从“知识核心时代”走向“核心素养时代”的必然要求。

为此，后面我讲五个关于班主任核心素养的问题。

1. 有爱心，是当好称职班主任的第一要素

案例一：

一位纳粹集中营的幸存者，当上了美国一所中学的校长，每当一位新教师来到学校，他就会交给那位教师一封信，信中写道：“亲爱的老师，我亲眼看到人类不应该见到的情景：毒气室由学有专长的工程师建造，儿童被学识渊博的医生毒死，幼儿被训练有素的护士杀害。看到这一切，我怀疑，教育究竟是为了什么？我的请求是，请你帮助学生成长为有人性的人。只有使我们的孩子在成长为有人性的人的情况下，读写算的能力才有价值。”

案例二：

1989年我在盐场中学当班主任，班上一位学生母亲过世较早，他从小与父亲相依为命，而且父亲年老多病，家庭很困难。我向学校申请为他免去所

有费用，我也经常给他一点小的资助。他很用功，1990年9月份顺利进入县中，我也调到了县中，我给他提供了所有做饭的工具，他在校外租房自己做饭生活学习，上完了高中。当他大专毕业后，勤奋工作，走上了领导岗位。他先后资助了五名大学生，把爱心也传递下去了。

全国著名优秀班主任朱海霞老师说："爱是最好的老师。我愿用爱去播种春天的种子，用爱去浇灌茁壮的幼苗，用爱去收获金色的希望！"

全国模范班主任、著名教师李镇西认为他是欠学生的，学生对老师太好了。因此，他作为老师所做的一切，都是还学生的债。李镇西抱着这样一种思想，关心学生，帮助学生，赢得了学生的爱戴。很难说李镇西的班主任工作有什么高超的技巧在里面，他只是把爱学生发挥到了一个极高的水平，所以他成功了。

蔡元培先生在《中国人的修养》一书中说道："决定孩子一生的不是学习成绩，而是健全的人格。"那么，健全的人格的重要标志就是有爱心。

教育家陶行知先生说"没有爱就没有教育"，被周恩来总理称为"国宝" 的著名班主任霍懋征老师从教60年的座右铭就是这句话。教育部中小学班主任国培第二批专家李庾南老师从1957年起担任班主任近60年，是"连续任职时间最长的班主任"，是上海大世界吉尼斯纪录保持者。她的感言是：班主任工作是用爱引领心灵成长的幸福艺术。

苏联教育家苏霍姆林斯基说："教育者最可贵的品质之一就是人性，对孩子最深沉的爱，兼有父母的亲昵、温存和睿智的严厉与严格要求相结合的那种爱。"

苏联教育家赞科夫说："对学生的爱，首先应当表现在教师毫不保留地贡献出自己的精力和才能，以便在对自己学生的教学和教育上和在学生的精神成长上取得最好的成果。"

教师的基本素养之一就是要有爱心，作为班主任更是要有爱心。有了爱心，才会思考教育过程中的得失，才会思考"我今天为孩子做了些什么？"。陶行知先生说："爱，是一种伟大的力量，没有爱就没有教育。"如果把学生当成自己的孩子，那么学生所有的过失你还会要么听之任之、要么大打出手吗？说到爱心，所有的教师都会说自己有爱心，但反思我们的行动，真正体现爱心的教育是否贯穿每天的每个言行呢？可能没有一个人敢保证 。所以，"爱心"二字要像三餐饭一样牢记于心，贯穿班主任工作的每一个细小环节。时刻在心底里告诫自己：爱学生、爱父母、爱自己、爱家庭、爱职业、爱思考、爱创新、爱学习……这就是一种既传统又新颖的教育理念。

2. 有高尚师德，是当好称职班主任的第二要素

师德的内涵包括个人品质、伦理道德、政治品德，即为人之德、治学之德、从业之德。司马光在《资治通鉴》里把人才分为圣人、君子、小人和愚人。才德全尽谓之圣人，才德兼亡谓之愚人，德胜才谓之君子，才胜德谓之小人。我们虽然做不了司马光眼中的大圣人，但是我们可以做一名“小圣人”，至少做一名“小君子”。

曾国藩说：“自修之道，莫难于养心；养心之难，又在慎独。”（出自《曾国藩家书》）

一个人独处，无人注意的时候，更要小心谨慎，严格要求自己不做违背师德的事。所以，教师要常修从教之德，常怀律己之心，常弃非分之想。

在班级管理中，所有的技巧都抵不过爱学生，这是教育的关键，其余都是次要的。因而，作为学校的管理者，在选择班主任的时候，首先要考虑的是德，其次才是才。假如遇到很有才但是缺“德”的教师，要非常慎重地使用。毕竟，作为教育工作者，他对学生的影响太大了。这种影响，短时间内不一定能看出来，但是一旦暴露出来，为时晚矣。

（师德差的现象举例：与异性有不正当关系，违反法规法纪，搬弄是非，诽谤他人，打骂和体罚学生，玩忽职守，偷盗他人财物，等等）

3. 有创新素养，是当好称职班主任的第三要素

在班级工作中，班主任应该成为学生创新精神和创新能力的发现者、开发者。如果教师本身缺乏创新素养，怎么来树楷模、导方向、做人梯，怎么能有创新教育？所以班主任要成为有思想，有创意的人。著名教育家李镇西曾经说过：只有个性才能造就个性，只有思想才能点燃思想，让没有思想的教师去培养富有创造性素质的一代新人，无异于缘木求鱼。班主任不应该只是传统意义上的思想管理者，也不能只停留在培养德、智、体、美全面发展的人才上，而应该站在社会、国家、民族的高度来审视教育，研究教育，管理教育，从事教育，把能力和素养作为培养孩子的重要核心，“一切为了学生，为了一切学生，为了学生的一切”，把育人放在首位，牢固树立以人为本的思想，引导学生学会做文明人，学会做中国人，学会做现代人，学会做

一个人格健全、社会需要的人。（设计一些比较新颖的主题班会）

4. 有高度责任感，是当好称职班主任的第四要素

案例三：

1990年–1998年我在县中遇到一位物理教师，就知识层面讲，他讲的课很到位。但是他带的班每年期末考试都是全年级最后一名，三年后的高考平均分比省平均分要低四五十分。为什么呢？原因在于他不管学生，上“望天课”，没有组织教学。学生学与不学，他一概不闻不问，也不校对作业。这是典型的责任心差。古人讲：误人子弟如杀人父兄。这位教师可谓是“好人”，但一定害人不浅，每届与他合作的班级都因物理成绩差而使得高考中上线人数极少。这个人后来被辞退了，真是害人又害己。这样的例子，在生活中不少。

案例四：

21世纪初，某中学有一位班主任基本不上夕会，自然很少对学生进行日常行为养成教育。某星期天下午在教师例会上学校强调安全问题，还要求班主任在当天的夕会上讲，这位班主任却没有讲。就在夕会结束后不到5分钟，他班上一名学生在四楼栏杆上翻爬，不慎从四楼摔下，当场死亡。这就是因为责任心差损了一条命。我在想，假如死者是他自己的小孩，他该做何感想？

我们对学生经常进行责任意识的教育，我们自己是否也要有责任呢？答案是不言而喻的，现在，很多人图轻松，希望上完了课一走了之，寻求一种超脱的心理状态。但是班主任的责任重大，班级学生出了事班主任还要挂在心上，虽然每月的班主任津贴少得可怜，独生子女占大多数的学生教育问题又很艰巨，但当上了班主任，你就得有责任心，就如负重前行一样，身上背上了包裹。责任是属于道德层面的东西，看不见，摸不着，没有具体的量化标准，谁积极，谁偷懒，只有自己知道。但是，从带班的效果来看，责任心强的教师工作的主动性、积极性、创造性更强，带班的效果肯定也更好；反之，那些责任心不足的班主任带出来的班级存在的问题肯定多。

有高度责任感，必然伴随着敬业精神。有人这样戏说：“用打麻将的精神去干工作，这世界上没有干不好的工作。因为麻将精神表现为：①随叫随到，从不拖拖拉拉；②不在乎工作环境，专心致志；③输了就给，不在乎付出；④从不抱怨，经常反省自己——唉！又错了。”

5. 心理领导力，是第五要素

什么是心理领导力？就是要求班主任在班级管理中运用心理学原理与现代技术相结合，带领、引导、唤醒、激发学生的心理潜能，帮助学生提高自我管理和建设班级心理共同体的能力。作为具有专业自觉的教育者，心理领导力是班主任心理自我引导、专业自主成长、以身作则、心理自我调适的能力。因此，班主任心理领导力的实质是指班主任管理自己、影响与成就学生的能力。

上面我讲的只是几个核心素养，事实上，班主任的素养是多方面的，需要我们每一位从事教育教学工作的人去努力培养。

俗语说：师傅领进门，修行在个人。当老师的，总有当班主任的机会，有的以此为乐，有的设法逃避；有的人刚刚上路就入了门，有的临近退休还是让人说不上好。这与能力有关系，当上了班主任的人，不仅要加强教育的反思，也要向同行请教，还要有悟性，要在挫折中前进，不断历练自己的能力，这样，才可以在螺旋形上升通道中提高自己。因此，我们要提倡做学习型、思考型、研究型的班主任，努力使自己的能力不断提高。

班主任的能力和方法，如何能得到有效的提升和改进呢？我认为：①要把学生当成自己的子女；②自己要多反思班主任工作中的成功与失败，虚心听取他人的意见和建议；③要多借鉴一些优秀班主任的做法，因地制宜；④经常参加一些班主任培训，经常读书学习先进的理念和方法。下面我讲一讲班主任工作的基本方法及提升。

五、班主任工作的基本方法及提升

我从事班主任工作28年，总结班主任工作最基本的方法有八点。

1. 了解，是班主任工作的基石

案例五：

有一天，我班上有一名女生周一早上上课精神沮丧，被我贸然批评后，含着泪回到了宿舍。我当时也茫然了。经了解她是因为母亲病重住院了，心里放不下而焦虑。我知道冤枉了她，随后对她进行了安慰，并在全班做了自我批评，给这位女生道了歉。这件事给我的启示是，无论学生发生了什么事，在没有弄清楚事实之前，不要贸然表扬或批评。

班主任只有通过各种途径及时地掌握学生思想变化情况，才能从实际出发有的放矢地进行工作，收到最佳效果。一个班有四五十个学生，他们除了共同的时代特点、年龄特点之外，还有各自不同的个性特征。学习成绩好的学生一般有较强烈的进取心，能自觉地约束自己，班主任要根据他们的具体情况，定期提出更新、更高的要求和希望，激励他们不断攀向新的高峰。班主任要根据他们各自的具体情况，激发其力争上游的心理意识和愿望。后进生从表面上看，缺乏进取心和荣誉感，自暴自弃，但他们内心深处希望和学习成绩好的学生一样，在集体和老师的心目中得到应有的地位。如果班主任不了解他们的这种心理状态，动不动就批评指责，他们往往会产生对抗情绪；如果深入了解他们表现差的原因，留心观察其闪光点，并及时给予关怀和鼓励，可以促使他们滋生出积极向上的“新芽”。班主任要利用各种办法，通过各种渠道掌握每一个学生的思想状态、学习情况、家庭情况、健康状况及其性格，同时经常注意其发展变化，有针对性地做工作。这样一定会收到事半功倍的效果。

2. 热爱，是班主任工作的起点

没有爱，就谈不上班主任工作。我认为，热爱产生兴趣，兴趣促进工作。无数事实证明，凡受班主任热爱、信任和尊重的学生，他们对生活总是充满信心，努力学习，力求上进；相反，如果学生总是遭到班主任的斥责和惩罚，他们往往会产生悲观、失望、怨恨、对立或自暴自弃等消极情绪。这种情绪会影响他们一生的发展甚至会使他们由此产生对周围人的敌视心理以及对社会的对立和不满情绪。

那么，怎样才算是热爱学生呢？热爱学生首先要热心、细心、耐心地教育学生，鼓励他们奋发向上。要引导他们逐步树立正确的人生观和远大的理想，把他们培养成为有理想、有道德、有文化、有纪律的一代新人。热爱学生还表现在对学生无微不至的关心上。关心每个学生的学习、生活和健康，想方设法帮他们解决一些实际问题，为他们排忧解难。热爱学生，还要表现在对学生的信任和尊重上。要相信自己的学生在正确的教育和引导下，会逐步成长。即使他们有这样或那样的缺点，引导得法，他们也是能够克服缺点，争取进步的。热爱学生还要表现在对学生一视同仁上。爱的天平，绝不能放上偏见的砝码。热爱学生还要表现在对学生的严格要求上。因此班主任对学生要热爱而不骄纵，但严格要求不是苛求，不是强迫命令，更不是简单粗暴，而是教育性、说服性、指导性、严肃性的和谐统一。

3. 引导，是班主任工作的钥匙

班主任怎样才能开启学生心灵的大门？引导是开启学生心灵的金钥匙，也是班主任进行工作最主要的方法。

怎样引导呢？方法有很多，在此仅着重阐明四点。

（1）引导学生学会明理。班主任不论布置什么任务，提出什么要求、解决什么问题都应针对学生的认知情况，联系实际，生动活泼地讲清道理。

（2）引导学生学习榜样。班主任要善于为学生树立各种榜样，如热爱祖国，维护祖国利益和尊严的榜样；关心集体，爱护人民，助人为乐的榜样；等等。榜样将会成为推动他们前进的巨大精神力量。

（3）引导学生学会辨析。在今天，社会信息把五颜六色的大千世界不可抵挡地传入学生的头脑。这里面有美的，也有丑的；有正确的，也有谬误。班主任要引导学生从积极方面认识社会，区别本质与现象、主流与支流，辨别善与恶、美与丑，从而提高明辨是非和道德评价的能力，时时事事处处保持清醒的头脑，自觉抵制腐朽思想的侵袭。

（4）引导学生学会自省。要引导学生敢于正视自己的缺点和错误，学会分析其危害和产生的原因，从而放下包袱，跟上时代前进的步伐。

4. 班会，是班主任工作的抓手

班主任对学生的集中教育活动主要是在班会时间完成的。主持好班会是班主任的基本能力之一，认真开好班会是班主任工作的主要方法。对学生的教育从内容上讲，十分丰富，当然重点是爱国教育、日常行为习惯养成教育、品德教育、孝心教育、爱心教育、诚信教育、尊严教育、感恩教育、理想教育等。教育活动从形式上讲，鲜丽多彩，可以是演讲会、故事会、讨论会、文艺会、朗诵会、报告会、座谈会等。所以，主持好班会是班主任进行德育教育的抓手。

5. 刚柔并济，是班主任工作的双拐

吴子说：“夫文武者，军之将也。兼刚柔者，兵之事也。”也就是说，文武兼备的人才能胜任军队的将领工作，刚柔并用的人才可以统兵作战。

有些年轻的班主任，处理事情比较刚性，尤其是遇到班级里一些调皮捣蛋的男生，一旦苦口婆心失效，便“怒从心头起”，常常使出“以暴制暴”的手段。以其人之道还治其人之身的做法有时可能会奏效，但是通常来说，很容易招致学生怨恨，使学生口服心不服。班主任一旦不能很好地控制自己的情绪，很可能会造成更大的伤害。

还有些教师属于妈妈型的班主任，性格非常柔韧，做事兢兢业业，对待学生像对待自己的儿女一样，只是做事不讲原则，学生犯了错只是和风细雨地劝说一番，而缺少严厉的批评。

这两种做法都不好，应该兼而有之，刚柔并济。班主任对待学生的基本原则应该是既严格要求，又宽大为怀。

班主任在对学生严格要求的同时，要体谅学生的难处，要设身处地地为学生着想。学生犯了错，既要批评，又要尽量原谅他，还要有耐心，永远给学生机会。这样的班主任学生自然信服。

6. 善于激励，是班主任工作的强心剂

班主任善于激励能把班级建设成一支团结向上、凝聚力强、有战斗力的集体。这其中，诚信治班是一种很重要的方法。班主任要做事公正，善于欣赏，赏罚分明，在班级里要匡扶正义，惩恶扬善。同时，班主任还要有与班级学生同舟共济的思想，大家齐心协力把班级一起建设好。学生的积极性一旦被调动起来，大家的力量形成合力，这个合力的威力是无穷的（展示课题“在课堂教学中激励赏识教育研究”图片）。

7. 身教，是班主任工作的无声命令

学生年龄小，知识少，可塑性强，常常把自己钦佩的班主任作为楷模，所以班主任的一切品质和言行都对学生的成长起着潜移默化的作用。

在谈到班主任工作方法时常说，要运用“说服教育”，这无疑是对的。班主任以身作则，既是为人师表的职业道德表现，也是班主任的重要工作方法之一。古人总结“身教胜于言教”，班主任只有通过自己的言与行，在学生的心目中留下一个美好的、高大的形象，才能带领学生前进。

8. 能力，是班主任的基本修炼

班主任应具备的基本能力包括驾轻就熟的教育教学能力、机制灵敏的教育应变能力、灵活的交往协调能力、深刻敏锐的观察分析能力、沉着冷静的自我控制能力、生动艺术的语言表达能力、勤于反思的教育科研能力、积极有效的自我调适能力。这些能力需要在实践中修炼，在学习中修炼，在反思中修炼。

六、班主任日常工作应该做些什么

“七勤”：勤检查、勤记录、勤表扬、勤指导、勤谈心、勤家访、勤反思。

“六查”：每天查早读、查早操、查宿舍、查课堂、查自习、查物品摆放。

“五问”：问寒暖、问班务、问科任老师、问家长、问领导。

“四转”：每天到清洁区转一转、宿舍转一转、教室转一转、公示栏转一转。

“三看”：每天要看学生精神状态、看课堂秩序、看卫生情况。

“二上”：每天都要上好早操、上好班会（夕会）。

“一做好”：做好学生的表率。其核心是以身作则。

一位资深班主任对年轻班主任传授的经验，要抓住班级管理的几个关键节点。

（1）第一个节点，每天比别人要多工作30分钟。①早上要比学生早到校5分钟；②午自习前早到5分钟；③下午放学检查5分钟；④夕会前早到5分钟；⑤晚上晚走10分钟。

（2）第二个节点，抓好班级卫生。

（3）第三个节点，班级文化建设要有特色。

（4）第四个节点，班级管理要选准突破点。

（本文是2016年3月至2017年8月陕西省渭南市、汉中市勉县及镇巴县班主任培训会上做讲座的内容）

课题研究的十点体会

课题研究主要是指一线教师对日常教育教学实践中出现的具有普遍或典型意义的教育教学具体问题进行分析和研究。课题研究并非一定是专家或资深教师才能完成的事，是所有教师应该完成的；它是一种常态下的工作，是组成教育教学工作的一部分。当然，课题研究也不是一件随意的工作，它需要缜密地思考、细致地准备、求实地研究、认真地总结。近十年来，我主持了省级课题三个、市级课题一个、县级课题五个。通过对自选课题的研究以及对一些名校课题的学习，我有以下几点体会。

一、课题研究要注重课题的选择

课题选择要充分考虑学校的实际情况：一是考虑课题研究对学校发展有没有帮助；二是要选择学校教师有能力开展的课题研究；三是考虑学校条件能不能保证课题研究的顺利进行。过去，由于我们的研究经验不足，在选择课题时，一般采用“菜单式”选题，即从上级教研部门规定的课题中选取，没有依照“问题即课题”的选题原则，这样往往使课题脱离实际，有的甚至超出我们的研究能力，为研究工作设置了人为障碍。因此，有必要进一步规范选题的途径。

1. 确定研究对象

确定研究对象是课题研究的开端，更是关键的一步。借用一句俗话：“好的开端是成功的一半。”课题研究因为研究主体是教师个体或小组，存在容易受个人倾向影响、容易偏离方向等局限性。学校要进行的课题研究应主要关注微型层面的细微教学现象、事件，即主要进行微型课题研究，更强调在案例研究中体察教育中的特殊行为或思想现象。通过这种途径，教师才能准确把握教学，反思自己的日常教育工作，找到改进策略。

课题研究应是具有研究意义的教育现象、事件。它包括两重含义：一是该问题困惑教师的教育教学活动；二是该问题是具有普遍或典型意义的问题，对教师具有实际意义。确定了研究问题，我们的课题研究才有方向。

2. 筛选研究对象

筛选研究对象是研究顺利开展的保证。微型案例研究特别关注教师自身的认识、观念，重视日常教学实际，包括师生情感态度、价值观的表现和转变，因而需要师生的理解、配合。选择对象不仅与问题典型与否有关，更与师生良好的沟通、足够的热忱密切相关。微型课题研究的对象一般为课堂教学中的师生自身，但教师要根据师生特点确定双方合作、探究的方面、程度等。没有这个前提，教师很难获得真实的第一手资料，研究也就没有实际意义了。

二、善于研究教育教学问题是课题研究的基础

作为一名教师，从参加教育教学工作开始要经历这样几步历程：①学会备课、讲课、辅导、批阅作业；②学会反思，写札记和总结；③深入钻研教材、分析教材、补充教材、活用教材；④在具备丰富的教学经验之后，要跳出教材，教学生会学。这几步历程是呈螺旋式上升的，在上升过程中还要不断地总结教育学生的方法和心得。这些工作做好了，就标志着教师的能力、素质在不断上升。这不仅是教师发展的历程，也是教师能力提升的历程；这是教师的基础工作。一名教师只有具备良好的基本素质，只有在同行中是教育、教学的行家里手，做课题研究才有基础，才能得心应手。

三、课题研究要把握课题研究的思路

1. 从成功的教育教学经验中提出课题

从成功的教育教学经验中提出的课题是将经验转化为成果的课题。如果我们把自己的经验加以整理、提炼，为其寻找到理论支撑和实验途径，对其进行系统化、规范化、科学化拓展应用，就会将我们的一般经验上升为可以推广的教研成果。

2. 从学校教育教学的突出问题中提出课题

从学校教育教学的突出问题中提出的课题是将问题转化为方法的课题。将一些有代表性的突出问题，通过实践研究，寻找到解决问题的办法，才能使问题成为促进学校发展的动力。

3. 移植先进教育教学模式和方法，结合本校实际提出课题

移植先进教育教学模式和方法，结合本校实际提出的课题是将成果转化成技能的课题。将发达地区的名校、名师在教研教改方面取得的一些成功的经验和方法，应用于我们的教育教学工作之中，可以寻找到解决自己教育教学问题的捷径。

4. 从国内外教育发展前沿寻找切入点提出课题

从国内外教育发展前沿寻找切入点提出的课题是将教育理念转化成自己的教育思想的课题。这是一种较大的课题。因为教育必须与时俱进，我们必须不断学习，努力掌握先进的教育思想和教学方法，理解先进教育理念，将

其内化成支配自己行动的教育意识，才能改进我们的教育教学实践，实现提高质量的目的。

5. 根据自己的教育教学理念和创新设想提出课题

根据自己的教育教学理念和创新设想提出的课题是将思想转化为行动的课题。我们理解了先进的教育理念，就应该将其用于教学实践，根据自己的教育教学特色、经验提出问题进行研究，形成自己的研究成果。

四、掌握课题研究的一般方法

1. 实验研究法

实验研究法是指借鉴自然科学实验的方法与规律，在课题研究实践中，采用“假设→求证”的方式进行实验研究的方法。例如，在课题研究中，将某年级的某一个班确定为实验班，就是实验研究法的一种形式。基本步骤为：提出研究问题→选择实验对象→进行准备、前期测验→开始实验→进行后期测验→对检测结果统计分析→形成实验结论。

2. 调查研究法

调查研究法是指通过问卷、走访、交谈、社会调研等方式，搜集研究对象现实状况的有关材料，以此发现问题、探索规律的方法。基本步骤为：选择调查现象→确定调查对象→选择调查方法→制订调查方案→开展调查→统计调查结果→分析调查资料→撰写调查报告。

3. 文献资料研究法

文献资料研究法是对课题的相关文献资料进行查阅、分析、整理，找出事物本质属性的一种研究方法。基本步骤为：确立查阅项目→搜集文献→阅读文献资料→做好摘录→分析文献资料→得出结论。

文献资料包括图书、杂志、报刊、电子资源、档案文件、会议资料等。

4. 经验总结研究法

经验总结研究法是指研究者对教育实践活动中积累起来的教育经验（包括教训）进行总结归纳，使之变为具有普遍指导意义的教育成果（理论）的研究方法。基本步骤为：确立总结对象→搜集资料→分析资料→撰写总结报告。

5. 案例研究法

案例研究法是指结合课题研究的实际，以典型案例为素材，通过具体分析、解剖，寻找出一些更有利于研究的数据、规律的方法。基本步骤为：确立案例→呈现案例发生的过程→分析和诊断案例 →归纳结论、得出启示。

6. 叙事研究法

叙事研究法是指教师以叙事、讲故事的方式表达对教育的理解，包括教学感悟、反思、启示、困惑等。叙事研究是课题研究的一种积淀形式。教师一般可做三种教育叙事研究。第一，可以写教材研究的故事。教师首先应该研究教材（课本）。教师可以把教材研究的过程，校本课程开发的过程讲述出来，形成“校本课程开发故事”或“教材研究故事”。第二，可以写教学研究的故事，包括写课堂教学中发生的某个教学事件（教学冲突）或者某节课的课例研究，这是一般意义上的校本教学研究。教师把课堂教学中发生的教学事件的过程讲出来，就是校本教学研究的故事。第三，可以写人的故事。教师首先应该写学生的故事，其次应该写教师同事（含校长）、自己的故事（教师自传）。写学生的故事实际上是一种学生个案研究，写教师同事（含校长）的故事实际上相当于写教育传记；写教师自己的故事相当于写教育自传。基本步骤为：反思教育教学活动→选择叙述对象→整理事件内容→撰写教育叙事。

7. 行动研究法

行动研究法是指教师在教育教学实践中通过行动与研究的结合，创造性地解决教育实践中的具体问题的方法。它是课题研究的通用方法，基本适用于每个课题研究。它需要研究者置身于现实的、动态的教育情境中，能随时随地体察、反思有关现象的种种变化，广泛收集信息，发现问题，解决问题。基本步骤为：搜集教育教学问题→拟定总体计划→制订实施方案 →开展行动研究 →分析研究情况→形成研究成果。

8. 测验研究法

测验研究法是指为了了解研究对象在某一方面的实际水平，研究者用标准化的量表来测量被试者的智力、性格、态度以及其他个性特征的方法。基本步骤为：确定测评内容→选择测评对象→制订测评方案 →实施测评 →对测评结果进行统计分析 →撰写测评报告。

9. 对比研究法

对比研究法是指对两个或两个以上的事物或对象加以对比，找出它们之间的相似性与差异性，得出一种事物或对象某些性质是由什么、哪些因素造成的一种分析方法。基本步骤为：选择对比对象→确定对比内容→制订对比方案→实施对比→分析对比结果→撰写对比总结。

一般地，对一个课题的研究方法不是只用某一种方法，而是同时采用多种研究方法进行研究。

五、把课题实验常态化，融入日常教育教学工作中

一提到课题，很多教师都觉得麻烦，开题、结题、收集资料无头做起，老虎吃天没法下爪。其实课题实验与我们日常的教学工作密不可分。

我们要在课题实验中将课题组活动与教研组活动、日常教学工作融为一体。定时召开课题组会议，在会议中讨论、总结某一阶段的实验情况，并形成文字性材料。同时课题组组长会安排下一阶段的课题实验工作；每月检查一次教师的作业批改情况，并形成文字性材料通报；每月进行一次月考，统一命题、统一阅卷，而后召开质量分析会，相互交流这一阶段的教学情况，写出文字性汇报材料。这样就总结出了彼此间的得失，便于改进教学，提高教学效率；每月听一次课题实验教师的实验课，授课者写一份详细的教案、导学案和说课稿，听课教师必须写出听课记录和评课意见，课后召开评课会议，由上课教师先说课，听课教师客观评价实验课的得失。如此常规教学不但提高了教学质量，而且很好地进行了课题实验研究，收获颇丰。

其实，现在比以前的课题实验环境好得多，我们县教研室每学期组织教师填写《研修手册》，每学期检查教师备课情况、听课记录，做好“札记反思”“教后反思”“课堂点评”等，想要收集的课题材料就差不多了。

六、善于收集资料和归纳总结是课题研究的法宝

我以我主持的省级课题“课堂教学中激励、赏识教育研究”为例，谈谈体会。课题组的教师初次接触这个课题，有些茫然。但是，经过课题培训之后，大家有了明确的认识。一方面，实验的阵地在课堂，实验的内容就是将“激励、赏识”贯穿教学活动，所要研究的问题是如何能恰当地激励和赏识，以期达到最佳的教学效果。另一方面，实验的阵地在课外，如何巧妙地用“激励、赏识”教育学生，使其由“差”变“较好”，由“较好”变得“更好”？如何能证明课题实验的效果呢？那就要用证据说话。在实验过程中，用对比研究法、调查研究法，必须搜集充分的对比材料、实录、视频、

音像等证据，再将这些证据进行筛选、分析、归纳，整理成系统化的课题材料。在这些材料中，有的是课题成果的佐证材料，有的就是课题研究的成果。我们做课题研究的目的就是要在过程研究中找到教育教学的好方法、好经验，得到成果。我们的这个课题2014年在陕西省结题的200多个课题中获得一等奖。

很多教师也在积极地做课题研究，也想做好，但就是少了一点：没有把教育教学过程中的点点滴滴记录下来，没有把研究过程中的音像和视频收集下来，也缺少总结，缺少课题研究的佐证资料，也看不出有什么成果，故而课题难以结题。

七、从细小做起，认真实验是课题研究成功的关键

我最早做课题是在20世纪90年代，是从做校级课题开始的。开始做课题时我啥也不懂，那时同行也不会，请教的老师都没有，只有在期刊和网络上学习，“摸着石头过河”，初步学习如何做课题研究，有了一些初步的研究常识之后，进一步做县级课题。贵在坚持，一步步成功，就有了做课题的基本经验。

我从实践中的总结明白了，研究的问题越小，切入点越低，与教育教学实际联系就越密切，也越容易产生研究成果，从而解决教育教学中的实际问题。在选题上切忌“大”，越大越不容易收集素材，费时费力还不易出成果。在研究中要做到踏实研究、过程研究、认真思考、反思总结、成果应用。在过程中切忌资料空洞、华而不实。研究资料要能反映真实过程，研究能解决实际问题，通过研究能总结出值得大家借鉴的经验（成果）。

八、坚持实验、积累理论知识是实验教师的两根支柱

一个课题从开题到结题，实施过程是很艰难的，会遇到许多困难和困惑。那么，怎么克服这些困难呢？我的经验是坚持实验、总结经验、借鉴他人的优秀成果。

近五年来，我主持了一个市级课题和三个省级课题。在这些实验过程中，我始终在思考：课题研究如何使师生的教与学融洽有效？如何促进教育教学的发展？如何促进教师的专业成长？这需要我不断地学习他人的先进理论和经验，储备知识，丰富头脑，提升能力，为课题研究的顺利进行开拓道

路。同时，坚持实验研究，在研究过程中发现问题并及时解决问题，特别要解决那些有利于教学和谐发展、能提高课堂有效性的问题。在解决这些问题时，我通过反思、总结经验与教训，也得到了专业发展。

做课题研究的教师不要鼠目寸光，不能只顾当前利益，不能只做功利性研究，要做发展性研究，要从发展自己、发展团队、发展学校的角度出发做课题研究，要学习他人的先进理论和先进经验，多读一些教研教改和课题研究方面的著作，多看一些名家的视频，多听一些名师的课，经常与团队教师交流。这样才可以丰富自己、发展自己。

九、课题研究过程中应注意的问题

1. 设计好课题研究方案

一份完整的课题研究方案一般包括以下九个部分：①课题名称；②课题提出的背景及所要解决的主要问题；③国内外同一研究领域的现状与趋势分析；④课题研究的实践意义与理论价值；⑤完成课题研究的可行性分析；⑥课题界定及理论支撑；⑦研究目标、内容、过程、方法设计；⑧完成本课题研究任务的保障措施；⑨预期研究成果。

2. 一定要让资料说话

课题研究离不开对具体教学问题的分析、研究，这个过程既是教师进行反思的过程，又是教师远距离与教育教学现象、事件进行第二次甚至第*N*次对话的过程。教师每一次分析资料、研究资料的过程，都是他与文本的一次新的对话，都会产生新的认识和体悟，进而寻求合理的意义解释和问题解决方案。分析研究资料特别要注意避免主观臆断和闭门造车。在这个过程中，教师要将搜集到的资料编排成有序的现象、事件，让结论在动态的教学与分析研究中生成。教师在课题研究中还要注意对第一手资料的处理，“从实践中来，到实践中去”。教师要科学运用资料显示的结论，在结论真实客观的前提下，发现教育教学中存在的问题，并找到一条符合实际的解决问题的途径。

3. 课题组要做好课题研究过程中的自我管理

（1）严格按方案和计划检查督促课题研究活动的实施。

（2）经常请学校、县市教研室加强过程督促和指导。

（3）关注研究过程的每个环节，有问题立即解决。

（4）注意积累研究过程中产生的重要资料（调查情况、数据、成就、评估意见、体会、会议记录等）。

（5）做好档案的归类管理：按管理档案、过程档案、成果档案三大类归类，并分别编码。

十、做好课题成果的总结和推广

1. 要认真细致地做好课题总结

（1）全面回顾研究历程，初步分析研究成效。

（2）已经取得明显成效的课题，要从“过程回顾”“成果分析”“结题准备”三个方面做好总结工作。要制订工作方案。方案包括人员分工（如谁负责整理档案，谁负责数据分析，谁负责收集成果，谁负责撰写报告）、时间安排（如什么时间完成材料，什么时间提出申请，什么时间迎接验收）、先期成果论证安排等。

（3）成效分析要求用事实说话、用数据说话、用对比说话、用成果说话。

2. 撰写总结报告，便于成果推广

成果报告是对前面大量工作的概括性归纳。它既包括对现象、事件的叙事性描述，又包括对现象、事件的论述性分析、研究和展望。课题研究需要在案例中翔实、细致地展现问题及其产生原因、解决方案、值得推广的成果等，从而指导实际教学，助推教师专业发展，进而实现学生素质的发展。

多年来，通过做课题研究，我受益匪浅，参与了一些省级课题研讨会，主持了一些县级课题讲座，发表了许多课题论文，也多次被评为县级及以上“科技工作先进个人”“教研工作先进个人”“汉中名师”等。这些既是劳动成果的反映，也不断鞭策着自己进步。

（2015年3月16日于镇巴县长岭初级中学，2019年11月30日在陕西师范大学远程教育学院视频讲座内容之一。）

磨课，究竟该磨什么

磨课，是学校开展教研活动的一种方式，是教研组活动的主要内容，是赛教活动的必要环节。那么，到底该磨什么？

一、磨心态

磨课，是教师成长历程中的必要环节，更是成长为名师的途径。很多教师对磨课的态度是消极的，这是一个心态的问题。每个人都离不开家庭琐事，离不开工作的繁忙与生活的辛酸，一天忙碌之后，都想好好休息。但是，要追求职业幸福，不能不追求成长，作为教师不能不参加磨课，所以说磨课磨的就是心态。我们要端正心态，增强认识，积极参与。

二、磨教材

教材是指导我们教学的依据，所以我们首先应熟悉教材。一是要把教材的重点、难点、知识点先找出来，确定每节课的教学目标。二是要把一堂课的整体思路设计出来。三是要设计环节，把导入、过程、拓展、板书等几大环节设计齐全。四是要会取舍教材。在教材中怎样突破重点和难点，教材的哪些地方可以略讲、哪些要详讲，要做到心中有数。每一课都要有一个整体思路，拿到任何一课都要能抓住重点，不至于跑偏。

三、磨教法、学法

在教学中怎样让教师的教和学生的学融为一体，这是教学中展示教师基本功的重要途径。在磨课时，我们要促进教学相融。一是在设计每个环节时，先明确自己用什么教法，引导学生用什么学法。明确教法和学法不但能促进教学预设更加准确，也是说课的有力依据。二是形成教与学的大框架。比如学生采用自学、交流的方法，教师就用引导、点拨的方法；学生讨论、交流，教师就归纳、总结。在每一个环节中，有这些大框架，课堂就能收放自如，以学生为主体的课堂就会生成，避免了教师“一言堂”现象的出现。

四、磨教学主线

对很多教师来说，10分钟或20分钟的微型课的教材很难把握，经常贪多求全，导致时间不够用。根据微型课时间短、过程完整、能力为重的特点，可以一两个问题为抓手，归纳出教学主线，通过学生自学、交流、点拨、引导等方法，开创学生自主学习的课堂。一节课围绕一个大问题进行教学预设，提炼教学主线形成板书设计。这样问题不琐碎且切入点小，学生学习的目标明确。

五、磨教学技巧

教学技巧是教师理解教材，筛选教法、学法，磨炼教学基本功等各方面能力的综合展示。教师在磨课时要抓住课堂技巧去设计各个环节。一是小处见真功。每节课都要认真处理好每个细小的问题，包括板书、一个字词、一个符号等。二是评价燃激情。面对陌生学生，评价用语的巧妙会点燃学生学习的激情。在学生交流、讨论等环节，教师要机智地去点评学生。比如，你的语言积累真丰富，你平时一定是一个爱读书的孩子；你的想象已经把老师和同学带到了无边无际的大海边；你思考真积极；等等。在课堂上，教师评价不能千篇一律，更不能“大众化”。三是生成处巧妙处理。教学生成就是课堂亮点，遇到课堂生成要进行巧妙的处理，如采用激励鼓掌、评价等方式进行表扬。教师还要机智地把生成和课堂乃至生活联系起来进行教学，切不可不理不睬或者胡编乱造。

六、磨模拟演练

如果是赛教，我们就要走进课堂进行模拟试讲。既然是模拟试讲，我们就要采用和比赛的形式一样的流程，抽签、备课、说课、答辩、课堂教学，每个环节在模拟时，出现什么问题都要及时纠正。

1. 磨抽签

再优秀的人在比赛前心里都会紧张，为了练就他们的心理素质，也避免参赛者的侥幸心理，应该把规定教材的内容全部制签，教师提前一个半小时进行抽签，完成90分钟的裸备课。

2. 磨说课

说课时环节要齐全，教材、目标、重难点、教法、学法、教学过程、板书设计、反思，这些环节都是说课时的得分点。参赛者在说课时要能够理论联系实际，有理有据地进行说课，要让听者明白三个问题：赛教者是如何做的？为什么要这么做？预设效果怎样？很多赛教者只会说我怎么做，不会说我为什么要这样做。这就要求赛教者在平时的教学中吃透课程标准，多读教学专著，积累教学经验，认真反思。此外，还要注意语言流畅、吐字清晰、仪表大方等问题。

3. 磨答辩

我省多年来通过校本研修促进教师的专业成长，而校本研修问题是各级赛教答辩的主要内容，结合我省教育科学研究院整理遴选的《陕西省中小学教师校本研修30问》进行提问。赛教教师要提前一一解读这“30问”，联系教师工作实际进行回答，要有理可依，有据可说。

4. 磨课堂

在课堂上我们重点观察预设的教学环节中哪一处不易在课堂中落实，师生互动时哪里不融洽，突破知识点时方法的应用效果如何，拓展教学时学生是否能理解内容，指导练习的效果是否明显，教师的每一句评价用语是否恰当，过渡是否自然，总结语言是否精练，作业布置是否能延伸课堂，等等。每一个细小的环节都是我们进行课堂模拟的关注点。

七、磨意志

只有从一个艰辛的过程中不断历练自己，才能收获成长。很多青年教师在公开课、赛教课前临阵磨枪，往往胜少败多。每次磨课，即使不是赛教课，教研组成员都要参加，做到熟能生巧，不要等到参赛时再参与磨课，那就为时已晚了。

磨课活动就是在磨一种精神。①要吃苦耐劳。每位教师都承担着学校的教学任务，都有家庭琐事，有的还是班主任，所以必须克服困难。②要坚持不懈。要坚持对青年教师进行培养，因为他们是强大的后备军，而且每个人的成长不是一朝一夕的事，要善于挤时间，要学会利用时间学习。一个人的成就往往是牺牲休息时间取得的，这需要靠一种毅力才能坚持。③要锤炼记忆。每次磨课结束，要学会重新整理每节课的教学设计，内化每一个细节，形成自己独特的风格。而这些工作都是利用休息时间来做的。

只有一路坚持，才能磨出精彩的课堂，磨出坚强的意志，磨出青年教师成长的轨迹，磨出中年教师的辉煌，磨出老年教师的荣耀。

（2015年4月发表于《中国教育指南》，2014年至2017年镇巴县、校两级课题研究培训会中多次作为讲座内容）

听课，磨课之基

听课，我们教学一线的同仁都很关心，因为它是我们进行教育教学研究的阵地。就形式而言，有“安排课”“推门课”。就课堂内容而言，有“概念课”“习题课”“实验课”“综合实践课”。就课堂用途而言，有“示范课”“研讨课”“汇报课”“赛教课”等。时下，有些公开课不能不说是在作秀，然而，我们最需要的、也是最有益的，应该是平时教学中“推门”就听的常态课。有专家提出警告：离开了真实的课堂，教育教学研究就没有任何价值了。那么，我们怎样认识听课呢？

其实，无论形式如何、内容怎样、用途是什么，听课都不仅仅在听，而更重要的是思考。听课是很有效的备课，是设计教学思路的最佳时机，是心灵的交流、思想的碰撞。坐在课堂上，不但是学习和借鉴同事的经验，而且是在设计自己的教学思路。听课是对教材文本研读最深入的过程。研读教材是教师的一种基本功，是一种硬功夫，在反复阅读教材中研读，在钻研教参中研读，通过自己的知识积累、生活体验来研读，坐在同事的课堂上研读，最终形成自己对文本的个性化解读。只有如此，才有可能设计出具有个性化的教学思路。教学绝不是一种纯技术性的操作，而是一种艺术性的操作。当我们还没有如浩瀚的海洋般渊博的知识的时候，无论如何也不可能激荡出美丽的浪花。

听课也是备教法、备学生的极好时机。同事设计的教法在课堂上实际效果如何，这些教法是否也适用于自己？这要根据自己的教情决定。如果同事的课很流畅、教学效果很好，那么，其所用的教学方法、教学思路我们便可以借鉴，但还要根据自己的学情而定。

对于听课者而言，听课后应当提出诚恳的意见，给予授课者真诚的帮助。不仅青年教师需要这种帮助，中老年教师更需要这种帮助。为了防止知识老化、教学方法僵化；为了保持发扬已有的优势，并不断接受新知识、掌握新方法，中老年教师自身更需要克服倚老卖老、经验主义、教条主义，放下架子，倾听意见。当然，我们反对在评课中吹毛求疵、互相诋毁，应当以真诚的态度、学习的态度提出问题、指出不足、指明方法，互相不伤情面，更有利于合作。

我们有的教师听课是为了完成学校下达的任务，这不是搞教育教学研究的目的所在，也不利于教师个人的成长。教师同仁应当把听课当成研究、学习的机会。我们不怕去听别人的课，也不怕别人听自己的课，我们应当提倡听"推门课"，形成良好的听课习惯和风气。我们更不怕评课，要形成良好的评课习惯和和谐的环境。把研究的阵地放在课堂上，这才是我们教育教学研究的根本。

（2007年3月20日于镇巴县泾洋中学）

辨析微型课与微课

在教学工作中，很多教师对微型课与微课的概念混淆不清，当然也就不会做微型课与微课了。以下将对微型课和微课从概念、应用等方面加以辨析。

一、概念上的区别

1. 微型课的概念

所谓微型课，是预设教学过程的展示——按照既定的教学内容和课堂教学目标，完整地展示教学过程，着重呈现上课的过程、教学环节设计、课堂活动的安排、现代教育技术（多媒体）的使用、问题的设计、师生合作、生生合作的设计、作业的设计、板书设计等。

微型课实质上是一节常态课，与常态课不同的是它的时间短，时间一般在15～20分钟。教师的活动安排是按照假设来进行的，但是，学生活动的过程要展示出来。

2. 微课的概念

微课常见的定义有这样几种为代表。①胡铁生：微课又名微课程，是微型视频网络课程的简称，它是以微型教学视频为主要载体，针对某个学科知识点（如重点、难点、疑点、考点等）或教学环节（如学习活动、主题、实验、任务等）设计开发的一种情境化、支持多种学习方式的新型网络课程资源。②焦建利：微课是以阐释某一知识点为目标，以短小精悍的在线视频为表现形式，以学习或教学应用为目的的在线教学视频。③黎加厚：微课是指时间在10分钟以内，有明确的教学目标，内容短小，集中说明一个问题的小课程。

微课的特征：时间短，内容集中于一个知识点或一个问题，以视频为载体。

微课的创新之处：在最短时间内传播最多信息，传播的信息必须实用，信息的接收必须有效。

二、在应用上的区别

（一）关于微型课应用的注意事项

1. 微型课不是说课

说课是把自己的教学设想说给大家听，基本环节是说教学目标、教学重点、教材内容、教学方法、教学过程，目的在于通过说自己的教学设想，引发大家研讨教学方案，提高课堂教学水平。而微型课是课堂教学的浓缩，时间较为简短，可以没有学生参与。它是检测教师教学水平的课堂教学，可以是像正常课堂教学一样来上课。

2. 微型课的设计方面

微型课就是即使没有学生也要当作有学生来上的课，要求环节俱全。它是有各种活动，但却省去了学生活动时间的课。要以一节实战课来设计，课中要体现新的教学理念，能把传授知识和锻炼学生能力有机结合，可以体现多种教学方法和教学技巧，要设计出自己的风格和亮点。

3. 微型课的课堂结构

微型课虽然时间短，内容单一，但也要讲究课堂结构，既不能只讲主要问题，也不能不分主次全面开花。微型课的课堂结构导入要简捷，一般1～2分钟进入正题，千万不能半天导入不了正题，致使课堂重点不突出。导入正题后，要把主要精力全部用在课题的中心上，或精要讲授，或巧妙启发，或积极引导，在有限的时间内要能够圆满地完成课题所规定的教学任务。最后，也要有小结，对本节微型课的教学内容加以言简意赅的归纳和总结，使微型课的课堂结构趋于完整。

4. 呈现亮点，板书清晰

微型课时间短，如果平铺直叙，就显得没有亮点，不容易给评委留下深刻印象。所以，微型课一定要在教法和学法上有自己的独特之处，这样才能提升课堂水平。

另外，微型课也要讲究板书，不能因为是微型课就没有板书。板书是一个教师教学基本功的体现，板书要精心设计，要精练、完整、美观。好的板书，要能看出整个课堂教学的基本内容和教学程序，能给听课者一个完整、直观的效果。

5. 教师表现方面

微型课面对的对象可能是学生和老师，也可能是老师和评委，而不是学生。如果授课教师要在没有学生的情况下，以“独角戏”的方式表现整堂课“老师和学生”的所有活动，就要声情并茂。声音要抑扬顿挫，表情要丰富，似与学生交流。行为动作、肢体语言要像有学生一样具体到位。要有激情，要能调动“学生”。也就是说，要调动在场听课的教师和评委，不要只是对着课件自言自语，或读课件。只走过场放不开，这就是失败。至于一些小细节，主要看教师个人的知识与能力和具体表现。

（二）微课的发展和应用

1. 微课的发展

2007年，美国人萨尔曼·可汗为了方便给亲戚解答数学问题，开始制作短视频上传到视频网站上。不久，收看的人越来越多，他索性以自己的名字建立了一个非营利性的在线教育网站——可汗学院。经过一年的发展，短视频十分受青睐，可汗学院也发展成专业的“微课学院”，视频课程领域也由数学领域扩展到十多个领域。到目前，可汗学院已经有1000万学生、3500

多个教学视频，平均每天解决200万个问题、每月有600万学生使用。萨尔曼·可汗成为当今“微课的世界旗手”。

在中国首次使用“微课”一词的人是被称为“中国微课之父”的胡铁生，他在《电化教育研究》（2011年10月）上发表的《微课：区域教育信息资源发展的新趋势》一文中首次论述了微课的基本概念。

2. 微课的应用

微课是什么？微课是教学手段，并非教学目的。它为人们更有效、更自在地学习而服务。

微课为何产生？计算机技术使得教学视频的制作更加简便，教师可以独自完成；互联网技术使以教学视频为载体的微课得以广泛传播和自由使用。微课，需要教师的讲授，但它属于学生；它与课堂共存，却让形式更加灵活。它因更加自由，更加明确，更有目的性而大大提高了学习者的学习效率和学习氛围。

微课为何受欢迎？“微”的意义在于切割时间，而切割的目的只有一个：追求更高的效率。不到10分钟却又成系列的微课，使学习的自由选择权得到了理解和尊重。效率，意味着同时向时间的负极和质量的正极拉伸，在尽可能短的时间内完成尽可能多的事。

谁来做？怎么做？毫无疑问，微课是教学者生产出来的，微课可以是一个课件、一个屏幕录制、一个动画。微课录制的成果可以上传至学校课程学习系统的服务器，或其他视频网站，或者是运营商为微课搭建展示的课程平台，供学生随时随地观看。

微课将带来什么？微课是新时代教育的一个契机，它正以高效的时间利用率和自由自主的学习方式，全方位地激活人们学习的热情。微课是新课堂革命的一个视角，透过它，你能看到一个前所未有的学习时代正在来临——微课，将带来学习的传奇。

3. 应用微课的困惑

微课，作为新兴的教学方式，并能迅速蔓延开来，必然有它存在的优势和空间，它顺应了教育革命与发展的趋势。现在，我们要思考两个问题。

（1）在制作和利用微课时，我们有哪些困惑？在教育信息化比较发达的区域，微课和慕课的开发与利用都比较容易，但在我们相对落后地区，存在以下问题：①教师的理念问题。老师接触先进技术少，思想相对滞后，甚至对这一现象的出现是排斥的。②教师信息技术应用能力问题。很多教师对电脑的操作不熟练，怎么谈得上自己制作课件及视频呢？③即使部分教师制作了微课视频等，也缺乏传播的平台，没有服务器，怎么办？④很多家庭没有电脑设备，学生回家无法接收。学生在校的时间一般是被学校安排得满满的，也很少有机会观看视频。

（2）利用现有条件如何开发和利用微课？我们可以把教材中的重点、难点分割出来，“切”成时长不超过10分钟的课件或视频或手写演示板，也可以把学生较集中的疑难问题制作成PPT。制作的形式可以自己用手机录制，也可以请他人录制，充分利用现代信息技术，将之放到校园网上、QQ群里、教室的电脑桌面上等，让学生利用课间等时间自主选择观看。这些我们可以做到，也应该努力去做。

参考文献

赵国忠.微课：课堂新革命［M］.南京：南京大学出版社，2015.

（2015年12月发表于《中国教育指南》）

第四章

教育梦想篇

教育最重要的成就在于使众人养成一种继续不断的共同求进的决心。我们要对众人养成的态度是：活到老，做到老，学到老。

——《陶行知全集》第三卷第233页

做梦想成家的教师

做一个整个的人，有三种要素：①要有健康的身体——身体好，我们可以在物质的环境里站个稳固。诸君要作一个八十岁的青年，可以担负很重的责任，别作一个十八岁的老翁。②要有独立的思想——要能虚心，要思想透彻，有判断是非的能力。③要有独立的职业——要有独立的职业，为的是要生利。生利的人，自然可以得到社会的报酬。

——《陶行知全集》第二卷第237页

人类最大的快乐从关心别人的精神世界、从善于体察他人的不幸中产生，没有这种感受，就不可能有道德美。

——《苏霍姆林斯基选集》第3卷第317页

骨干教师的成才之路

——促进自我成长

一、成才是教师人生的朴素层次——职业要求

1. 成才的标志

具有专门知识和特别技术，教育教学卓有成效，得到同行的认可。

2. 正确的成才观：人人能成才

（1）人才不是学校的核心竞争力。

（2）人才是一个模糊的概念。

（3）人才具有不稳定性。

3. 核心竞争力的五大特征

（1）学不到，具有不可模仿的特性。

（2）买不来，具有不可交换的特性。

（3）偷不走，具有不可转移的特性。

（4）拆不开，具有不可分割的特性。

（5）离不了，具有不可或缺的特性。

《哈佛商业评论》对核心竞争力的解释：在一个组织内经过整合了的知识和技能，尤其是关于怎样协调多种生产技能和整合不同技术的知识和技能。

4. 学校的核心竞争力

（1）精神：以核心价值观为内涵的优秀学校文化。

（2）机制：对全体员工激励与约束的管理体系。

（3）制度：科学的、有效的内部机制。

5. 司马光的人才论——德才兼备论

北宋政治家、史学家司马光编纂了《资治通鉴》，他十分用功、刻苦、勤奋。用他自己话说是："日力不足，继之以夜。"

"凡取人之术，苟不得圣人，君子而为之，与其得小人，不如得愚人。何则？君子挟才以为善，小人挟才以为恶。""才者，德之资也；德者，才之帅也。""察者多蔽于才而遗于德。"德是人们敬重的，敬重的东西容易疏远。德是人们爱慕的，爱慕的东西容易亲近。

二、成才的基本途径

1. 教师专业成长的维度：校本研修

教师专业成长的维度主要体现在自觉研修校本上。

校本研修的问题有课程标准、有效课堂的途径、教材教法、备课、听评课方法、作业批改策略、班主任工作策略、德育策略、校园文化、安全管理等。

教师通过这些研修活动，能在不自觉中提高自己的水平，发展自己的专业。因为校本研修的操作措施多种多样，有自学自修、同课异构、反思总结、专家讲座、名师引领、同伴互助、课题研究、聆听培训、虚心请教。如果这些措施落实到位，教师的专业发展水平就会呈现螺旋式上升。

2. 教师专业成长的基础：严谨治教、求实上进

教师专业成长的基础主要体现在认真备课、严谨教学上。

我是1985年6月从汉中师范学校毕业参加教育教学工作的。那时候，没有经验，也没有指导老师点拨要害，全凭满腔热血无头绪地工作。但是，心中有一条：服从安排，认真工作。现在想起来，作为年轻人有这一条是何等了不起！如何服从安排？那就是领导安排什么就干什么，有天不怕地不怕的劲头。要做到认真工作，还真不容易。因为刚参加工作没有经验，也没有同事指点，就认一个死理：苦干。我就是这样走过来的。我当年对教学工作是这样做的。

（1）细研《教学大纲》。在备课前把《教学大纲》熟读三遍，把与教材密切相关的内容勾画出来，对照教材处理教材。

（2）背诵课本。课本中每一节讲几个概念、讲什么概念，什么例题；在哪一页；等等，都要背下来。因此，通常是甩开课本一支粉笔上课。

（3）严谨教学。每一个概念是如何精确描述的？每一个例题有几种解法？哪个学生有什么特点？哪个学生不专心听讲？哪个班的班风如何？一个也不放过。

正是这种态度和求实的精神，在两年后的1987年，在全县赛教中，我夺得理科组第一名，1995年和2004年又分别获得县级“教学能手”称号，1997年在市级赛教中获优秀奖，2003年在全市“物理实验技能大赛”中获得三等奖，2014年在“一师一优课”活动中获得市级优课。总结一个规律：几乎所有名师和教育家成名的基础都是教学上严谨治教、求实上进。

3. 教师专业成长的必由之路、常规之道：反思和写作

主要体现在善于反思、勤于写作上。

我们做的是教育人的工作，要想教育好学生，就应该有充分的理由和事实说服他们。为此，我们要善于反思自己的优良作风、优秀品质，示范给学生，也要反思自己的不足，要改善自己的言行达到规范；反思的过程就离不开动手写作，要把自己经历的教育故事记录下来。我们一般的写作不是为了当作家，是为了记录自己的教育历程、教育思想，养成习惯，日积月累，厚积薄发。但凡名师，都离不开思考和写作，因为只有思考，才有见解和特色，思想才会深邃。写作是为了记录轨迹，总结经验。写作可以借鉴，但不能抄袭。我这31年教育生涯，个人笔记有近一百万字，编辑成册的有《班主任工作研究》（约6万字）、《中学物理教学研究》（约10万字）、《上下求索东南行》（约12万字）、《初中物理教师培训教材》（约6万字）。2011年10月由西安出版社出版了第一部作品《探索东南教育》（20万字），2018年3月由吉林出版集团出版了第二部作品《知行在课堂》（32.9万字）。在省级及以上期刊发表论文29篇，其中在核心期刊《中国教育指南》上发表的《2011版北师大八年级物理教材修正的建议》荣获汉中市第十届自然科学优秀学术论文三等奖。在2016年写了约10万字的反思与论文，取名《理想，在于行动》。2017年年完成了《解读初中物理教材，反思初中物理课堂》。

4. 教师专业成长的手段：学习和培训

教师专业成长的手段主要体现在喜欢学习、乐于接受上。

十多年前，很多教师不愿被派出去学习，原因很多。我却相反，积极争取机会外出接受培训学习，直到现在也是如此。因为我自知初始学历低，每一次外出培训学习都有很多收获。关键是，不能把外出学习当成旅游或休养，而是要当成难得的学习机会。学习他人的长处，反思自己的短处。每次培训学习要有虚心的态度，不能总认为“他不如我”。采百家之长，思百家之短。学习的方式有多种，上学是学习，外出培训是学习，读书是学习，钻研教参是学习，开讨论会、教研组会是学习，听课也是学习。总之，要批评式地、客观地、主动地接受他人的优点，改变自己的教育教学方式，更新教育理念，促进有效课堂的健康发展。

5. 教师专业成长的重要途径之一：当好班主任

教师专业成长的重要途径之一主要体现在勇当班头、爱心育人上。

我当班主任有28年了。当班主任是一项苦差，班主任也是学校的半边天，所以当好班主任不容易。我在1990年获得县级“优秀班主任”称号、1992年获得市级“优秀班主任”称号、2013年又获得县级“优秀班主任”称号。如何当班主任的话题，大家知道很多，我今天就不赘述了。我要说的有两点：①要踊跃争当班主任。过去大家都不想当班主任，是因为既无利益又苦，现在都争着当班主任大多是因为晋升职称需要。我要告诉同仁，以上这两种观点都要不得，要当就当一名合格的班主任。②当班主任要真正做到有爱心，因为没有爱，就没有教育。我过去当班主任也是施行“暴政”“高压管理”。但在近十年中通过培训学习，我充分认识到“高压管理”不是班主任管理班级的好方法。只有付出爱，管理班级才能既省力，又能增进师生情谊；既能培育学生高尚的价值观，又能发展自己。可以说一举四得。当班主任加强了教师与社会、家长的联系，也在学校树立了地位，赢得了成长锻炼的机会。

6. 教师专业成长的又一个重要途径：认真做课题研究

教师专业成长的又一个重要途径主要体现在做好课题、精于总结上。

做课题研究，现在是热潮。县教研室多次组织全县教师进行课题研究培训，要求人人会做课题研究。事实上，会做课题研究的人还是很少，为什么？因为很多人做课题是为了晋升职称，没有几个人是为了发展自己而去实实在在做课题。真有，这样的人也不多，但只有这样的人才会走向成功。脚踏实地做课题研究，需要大量阅读，需要认真思考，需要扎实地实施工作，研究一个问题就解决一个问题，这样做下去，能不成长吗？答案是肯定的。做课题研究的关键有三点：一是要扎实进行过程研究；二是要善于分析、归纳、总结；三是要反复实验。我从2004年起至今，主持结题的课题有2个国家级课题，4个省级课题，1个市级课题，6个县级课题。做好课题研究是锻炼自己、促进专业成长的重要途径之一。

7. 教师专业成长的灵魂：师德修养

教师专业成长的灵魂主要体现在修身积德上，师德修养是教师之魂。

加强师德修养应以教育部颁发的《中小学教师职业道德规范》为准绳。

加强师德修养应贯穿教育教学活动的全过程。

加强师德修养应注意自律、自信、自觉。

（本文为2019年6月17日在延安市宜川中学全体教师培训会上的讲座稿）

骨干教师的成名之路

——丰富专业素养

一、骨干教师的职业道德

习近平总书记在2014年教师节发表重要讲话：做好老师，是每一个老师应该认真思考和探索的问题，也是每一个老师的理想和追求。我想，好老师没有统一的模式，可以各有千秋、各显身手，但也有一些共同的、必不可少的特质。

1. 做好教师，要有理想信念

陶行知先生说，教师是“千教万教，教人求真”，学生是“千学万学，学做真人”。一个优秀的教师，应该是“经师”和“人师”的统一，既要精于“授业”“解惑”，更要以“传道”为责任和使命。[《师说》（韩愈）：师者，所以传道授业解惑也。]好教师心中要有国家和民族，要明确意识到肩负的国家使命和社会责任。

2. 做好老师，要有道德情操

广大教师必须率先垂范、以身作则，引导和帮助学生把握好人生方向，特别是引导和帮助青少年学生扣好人生的第一粒扣子。好教师应该取法乎上（《易经》：取法乎上，仅得其中；取法乎中，仅得其下）、见贤思齐（《论语·里仁》：见贤思齐焉，见不贤而内自省也），不断提高道德修养，提升人格品质，并把正确的道德观传授给学生。

3. 做好教师，要有扎实的学识

在信息时代做好教师，自己所知道的必须大大超过要教给学生的，不仅要有胜任教学的专业知识，还要有广博的通用知识和宽阔的胸怀视野。过去讲，要给学生一碗水，教师要有一桶水，现在看，这个要求已经不够了，应该是要有一潭水。

4. 做好老师，要有仁爱之心

教育是一门“仁而爱人”（《史记·高祖本纪》：陛下慢而侮人，项羽仁而爱人）的事业，爱是教育的灵魂，没有爱就没有教育。好教师应该把自己的温暖和情感倾注到每一个学生身上，用欣赏增强学生的信心，用信任树立学生的自尊，让每一个学生都健康成长，让每一个学生都享受成功的喜悦。

“三寸粉笔，三尺讲台系国运；一颗丹心，一生秉烛铸民魂。”今天的学生就是未来实现中华民族伟大复兴中国梦的主力军，广大教师就是打造这支中华民族“梦之队”的筑梦人。希望全国广大教师把全部精力和满腔真情献给教育事业，在教书育人的工作中不断创造新业绩。

国际劳工组织和联合国教科文组织 1966年发表的《关于教师地位之建议书》指出：教学应视为一种专门职业，教学是一种公共业务。它要求教师经过严格的、持续的学习从而获得并保持专门知识和特别技术。这种专业人士，不仅需要养成良好的职业道德，还要求在实践中具有充分的自主权。

从上述阐述中，我们可以得出三点结论。

（1）教师要经过严格的、持续的学习，说明教师必须终身学习。

（2）教师应有：职业道德、专门知识和特别技术。师德是灵魂，知识是躯体，能力是翅膀。

（3）教师具有充分的自主权，这是一种对自身职业、实践具有的发言权和控制权，这是其他职业所不具备的。

教师职业道德：为人之德、治学之德、从业之德。

“真、善、美、爱”是人类文明的标尺，是现代价值体系的基本准则，是人们发自内心的道德追求。

教师要成为真的追求者、善的传播者、美的创造者、爱的践行者。

简短的几句话，道出了为师的真谛，为师的价值，为师的追求，为师的境界。

（1）为人之德：遵循为人的约束和为师的修养。

市场经济背景下的师德：无私奉献与合理取值相统一，整齐划一与宽容多元相统一，道德召唤与制度约束相统一。

优秀人才不埋怨：面对不公平，或是奋力抗争，或是化悲愤为力量，未来都会有更杰出的成绩。但你不能埋怨，埋怨只能使你更偏激，更不理智，甚至会造成更大的挫败。（荀子《荣辱篇》：自知者不怨人，知命者不怨天。怨人者穷，怨天者无志。）

专业的、先进的、公平的师德：专业性——教师道德不是一般意义上的行业道德，先进性——教师应该有崇高的道德追求，公平性——教师崇高人格的一个重要维度就是以身作则，向不平等和社会丑恶现象说不。

（2）治学之德：肩负“学人”的职责和“士人”的使命。

为学在严：严格认真、严谨求实、严师出高徒。

朱镕基讲，作为研究学问的 “学人”，传承文化、拥有知识，追求真理、创造新知，是其基本职业责任。

真理和知识具有自足性的价值，它可能成为一种谋利的工具，但更应该成为“学人”追求的价值目标，成为 “学人”安身立命之方。（清·金松岑：夫士，国之肝肾，夫士之言，国之声息也。）

作为知识分子的 “士人”；应该具备勤学苦练的毅力、好学乐学的境界、求实奋进的精神，做一个遵守学术道德的模范。知识分子作为社会的精神支架，应该具有高度的社会道义责任感，做一个社会道德的启蒙者和守夜人。

法国研究知识分子史的权威人士让–弗朗索瓦·西里奈利教授认为：知识分子必须同时满足两个条件。①“文化的创造者和媒介”。知识分子可以是记者、作者、教师和学者，包括大学生。②“介入”，即参与社会政治生活。这种参与可以是直接充当当事人或者见证者，也可以是间接发挥影响作用或者营造文化氛围。

（3）从业之德：具备爱生的美德和做事的热忱。

把学生当人，重视学生的需求，重视学生的差异；把学生当作未成年人，不用成人的眼光衡量学生，不把成人的标准强加给学生；把学生当成不完美的未成年人，以平和的心态看待学生，不求全责备。

教师容得下学生，才能赢得学生，才能教好学生。

对学生博爱大度：不分智愚、长幼、勤惰，有教无类。

对学生以诚相待：以真情感动学生，不以虚言欺骗学生。

对学生放手松绑：放手也是爱，是一种更深沉的爱 。

对学生高度负责：惩戒也是艺术，在批评中体现爱。

对学生宽容平和：被踏碎的花儿，却将芬芳沾上鞋。这，就是宽容。宽容是伟大的教育力量。

热爱事业：热忱是一种性格，是一种习惯，更是一种责任，一种修养，虽然看不见、摸不着、闻不到，但能被感受、被传染、被复制。

美国思想家、诗人拉尔夫·沃尔多·爱默生（1803年-1882年）说："无热忱便无伟大。有史以来，没有任何一项伟大的事业不是因为热忱而成功的。"

热忱来源于坚定的信念和崇高的理想。

在"为中华崛起而读书"的感召下，周总理等无数老一辈革命家为民族振兴奉献毕生心血。

对学生有责任和热爱：爱是师德的核心，爱是抽象的，是一种品质，是一种境界，是一种智慧；爱又是具体的，是一个动作，是一种表情，是一句话。

二、骨干教师的知识结构

教师不仅要具有科学的教育理念，还要具有不断完善的知识结构和深厚的文化底蕴。教师知识结构包括专业知识、人文知识、社会知识。这样的教师才能在追寻真、传播善、创造美、践行爱的过程中，完善自我，哺育学生，延续文明，走向崇高，成就伟大。

1. 精湛的专业知识

（1）本体性知识。本体性知识是指教师所具备的特定的学科专业知识。教师对学科知识要有一定的深度和广度，既要懂得本学科的历史，又要掌握该学科的新进展。

（2）条件性知识。条件性知识是指教育学、心理和教法等相关教育心理方面的知识。教育学、心理学的原理，不是教条而是指导实践的法宝；教育学、心理学的概念，不是为了应付考试而是为了运用。

（3）实践性知识。实践性知识是指有关课堂情境和如何处理所遇到困境的知识。对课堂教学的目标、内容、进程、条件的"备课"是成功的基础，体现了教师的价值追求，是长期经验积累的表现。

2. 广博的人文知识

跨学科的综合知识。每门学科都不是一门孤立绝缘的学问，教师应具备开阔的、丰富的、彼此融通的知识。

优秀的中华文化。中华传统文化中儒、释、道三家是主干，三家中儒家又是中坚力量。儒释道三家经过几千年的演变融合，相互渗透、同化，已经

"三教一体"了。在社会模式上，建立"礼仪之道"；在人格模式上，建立"君子之道"；在行为模式上，建立"中庸之道"。

3. 丰富的社会知识

（1）了解自己的情绪，察觉自己的情绪，了解产生的原因。

（2）能控制自己的情绪，能安抚自己，摆脱强烈焦虑忧郁以及控制刺激情绪的根源。

（3）会激励自己的情绪，会自我鞭策，保持对学习和工作的高度热忱；能自我约束、克制冲动和延迟满足。

（4）了解别人的情绪。理解别人的感觉，察觉别人的需要，适应别人的情绪。

（5）凡成大事者，都能沉得住气。三思举步，从制怒到达成，再到升华，最终获得人生的快乐。

三、骨干教师的能力结构

教师的基本能力主要包括学习能力、研究能力、表演能力。网络时代，作为专业角色的教师，还特别需要互联网思维，让信息技术助推教育转型。

各能力之间既相互交叉、相互照应，又相互制约，形成一个具有内在联系的有机统一体。

1. 学习能力

曾国藩说："人之气质，由于天生，本难改变，惟读书则可以变化气质。古之精于相法者，并言读书可以变换骨相。"

注重学习，是一种态度；

善于学习，是一种素质；

学以致用，是一种能力；

终身学习，是一种理念。

儿时的读书是一种娱乐，成长的读书是一种探索，成熟的读书是一种修炼。娱乐阅读、探索阅读、修炼阅读三种读书贯穿人生始终。

培根说："读史使人聪明，读诗使人灵秀，数学使人缜密，自然学使人精髓，伦理学使人庄重，逻辑学使人善辩。"

2. 研究能力

如果想让教师的劳动充满乐趣，使天天上课不至于变成一种单调乏味的义务，那就应当引导每一位教师走上研究这条路。

苏霍姆林斯基说："研究就是发现问题和解决问题。发现问题就是进步，解决问题就是发展。"

（1）课程研究能力。国家课程的校本开发是指课程标准不动，基本结构不改，让课程更符合实际，让课程更适合学生。①备教材，把握难点和重点；②备学生，关注盲点和兴奋点。不是重新编一套教材，而是对教材进行二次开发，使国家课程更适合学校和学生。适合的才是最好的、最有效的。

国家课程的校本开发可以是充实型开发、更新型开发、辐射型开发、融合型开发。①充实开发，指对国家教材的不足之处进行补充和完善；②更新开发，指对国家教材滞后的内容进行修正和替代；③辐射开发，即立足本学科对其他学科进行渗透；④融合开发，即几门学科进行相互整合和综合。

国家课程校本开发的目的是打破学科界限，揭示各学科的内在联系，使国家课程更适合学校和学生。

校本课程的开发可以是结合学校办学特色的特色课程开发，也可以是符合学生需求的个性化课程开发。最常见的是，教师在课堂里开发的微型课程，它们不是类似数学、物理那样的国家课程，而是从微型教材入手，对国家课程的一种补充和完善。

（2）微技能研究能力。①教学微技能，是与专家学者所做的大课题研究相对而言的。微，是微小的、单一的。技能，指与课堂紧密相连的教学策略研究。不要求大，不要求新，只要求实。研究的是教育中的真问题。不是高深的学问，也不是单纯的理论，却可直接作用于学生。研究的是教学中的方法。从不顺手处入手，在细微处突破；从错误中学，在实践中提升。②微技能研究是一种面对真问题、开展真研究、获得真发展的行动研究，如小步子推进、小问题切入的微型研究；源于实践、服务实践的实践研究；低起点、低要求、重心降低的草根研究；易接受、易操作、容易见效的应用研究；贴近教师、贴近学生、贴近教学的现场研究。微技能研究的特点是真、小、实、低、易、近。

（3）微技能研究的选题。①课题一定是问题，但问题未必都是课题。课题一定要体现两个以上的变量之间的关系。②微技能研究，往往通过加上适当的限定词缩小研究范围。例如，小学生上课太吵→困惑，怎么办→问题，关于课堂调控策略的研究→课题。

3. 表演能力

（1）表演能力是指教师驾驭一定教育情境的控场能力。决定教师驾驭课堂的能力的因素有：①教师教育教学的实践经验；②教师的专业知识、通用知识和胸怀视野。

（2）演技是指教师履行自己角色任务所具备的表演能力。教师语言的三重境界：①想得清楚、说得明白（实话实说、一听就懂）；②想得透彻、说得生动（声情并茂、传神动听）；③想得深刻、说得简约（画龙点睛、言犹未尽）。

（3）沟通是指教师对教材、文本、教育环境的理解能力，以及与学生、家长、同事、管理者的沟通能力。对教材文本的沟通：①可暴露教材编写者的思维过程；②可了解学生的思维过程；③可通过教师的思维过程架设教材和学生之间的桥梁。

4. 互联网思维

一个谁也无法否认的事实是世界正在不可逆转地、越来越深入地进入以互联网为中心的数字化时代，互联网时代给人类带来了全新生活方式。在互联网时代，文学将进入无经典时代，艺术能够雅俗共赏，学术将迎来开放存取，新闻真正自由，政治充分民主，历史将会趋于更加真实。互联网思维指的是在移动互联网、大数据和云计算的背景下，对传统行业运用互联网技术进行重新审视的一种思维方式。重新审视的结果可能是融合，可能是丰富，可能是替代，也可能是其他多种选项。

慕课和翻转课堂是互联网与教育经过融合摸索出来的一种模式。

曾和马云打赌的大连万达王健林的观点代表了一部分人的看法：互联网虽然发展迅速，但传统模式仍有强大生命力，仍将占主导地位。至少在十年内，传统模式的地位难以颠覆。当然这一对赌是前几年的事。如今，“王健林们”的底气可能会不足。

格力的董明珠代表更主流的一部分人的看法：传统龙头企业有技术优势、制造优势和规模优势，但必须和互联网融合。一旦传统优势和互联网融合，传统龙头企业将不可战胜。正如董明珠的名言：格力一旦把马云请进来，世界就属于格力。

最具革命性的当属海尔张瑞敏代表的第三种观点：互联网思维会彻底颠覆传统产业，如果不进行脱胎换骨的革命，传统产业迟早会被吃掉。持这种观点的可能是非主流传统产业，真正按互联网思维彻底改造企业的更是凤毛麟角。海尔将实行“三化”：企业平台化、用户个性化和员工创客化。如果成功，可能是传统产业自救之路。

“互联网+教育”时代，教师必须完成的四个转变。

一变：主动拥抱而非被动接受新技术。今天的学生是数字化时代中生活的“原住民”，从小接触和使用数字化产品，体验数字化环境带来的便利。教师如不正视这个现实，坚守固有的传统经验，会被自己的学生和新技术远远抛在后面。

二变：借助互联网成为终身学习者。“互联网+教育”对教师意味着，如果不与时俱进就真的“out”了！教师作为传道授业解惑者，任何时候都不能放弃学习。只有“海纳百川”，才能“源源不断”；只有“吐故纳新”，才能“与时俱进”。

三变：与学生沟通不再仅限面对面。教师不仅可以对学生言传身教外，还可以通过微博、空间给学生传递积极、快乐、阳光的生活理念，让它成为课堂的延续。教师不仅可以实现教学信息的远程传输，还可以突破时空的局限，让学生与学生、教师与学生全方位双向互动交流。

四变：不只传递知识而且要设计学习过程。传统课堂的主宰是教师，学什么、怎么学、学多快都由教师掌控，学生处于被动接受的状态。现代信息技术将优质的教学视频传至网上，学生可以随时、随地、随需访问课程内容，自主学习就真实地发生了。

教师不单是讲课，而是变身为设计师。

（2019年3月27日“送教下乡”活动中在镇巴县松树初中的演讲稿）

骨干教师的成家之路

——加强自我修炼

一、把理念作为一种追求

理念是指人们对某一事物或者现象的理性认识、理想追求以及形成的观念体系。

“从心所欲不逾矩”，七个字有双重标准：个人的道德标准和社会制约标准。骨干教师要不断调整理念，使之符合社会主义核心价值观的要求。

1. 新课程下课堂教学的一定之规

（1）教会还是学会——教师从以教为本到以学为本。从文化传统看，以教师为中心的传递式课堂教学的文化“浸泡”了我们每位教师的教学观念。从职业传承看，每位青年教师都受教于以教师为中心的传递式课堂教学。这种在意识形态层面上已经固化了的东西，改变起来有相当的难度。

（2）独占还是开放——教师创造条件让学生主动参与。以学生为本的课堂要把课堂的时空更多地向学生开放，让学生有更多的机会参与课堂，动脑、动手、动眼、动耳、动嘴，真正做到解放学生。让学生参与课堂，不是简单地从“满堂灌”到“满堂问”，解放学生的过程也是体现教育智慧的过程，也是体现践行新课程改革的实践过程。

（3）对手还是伙伴——教师要重新审视自己的角色。课堂教学改革从某种意义上说就是教师、学生、教材之间的重新调整。其中首要的是教师与学生的关系——从对手向伙伴的转换。教师从课堂中的主导者转变为新课堂下的指导者、引导者、组织者、合作者，这种转变不会一开始就能拿捏得非常得体与准确，但却是教师必须完成的蜕变。

2. 实现理念转型的策略

做是行动，学是提高认识、转型观念。

（1）先做后学策略。在行动中体验，在体验中感悟，在感悟中提升认识。

（2）边做边学策略。进行尝试性改进，定期总结与反思。

（3）先学后做策略。组织观摩和学习，从感性认识逐步上升为理性认识。

二、把读书作为一种生活

1. 读书的途径

（1）读书——读经典，读报纸、杂志。

（2）读图——数字化阅读。

（3）读人——在阅人中学习。

2. 读无用之书

庄子说："无用之用，方为大用。"无用之书养心、怡情、增趣、益智，拓展人生有用之书提升知识。

3. 读书的方法

（1）蚂蚁式阅读。专门搜索他人的作品，仅做一般搬运与储存。

（2）蜘蛛式阅读。只讲内在的独立思考，仅凭自己腹内之物而吐出，终有枯竭之日。

（3）蜜蜂式阅读。外求和内思相结合，不断汲取群芳的精华，再经过辛勤酿造而成。提倡蜜蜂式阅读：①认知——从不知到知之，从知之不多到知之较多。②认同——经过思考和判断，在情感、态度上展示赞同或不赞同的价值取向。③内化——认同的知识，经过消化纳入自身的思想体系和价值体系。④物化——读书是学习，使用也是学习，而且是更重要的学习。

4. 读书的境界

读书好比结交知己朋友一样，是幸福的。《论语·学而篇》：学而时习之，不亦说乎？有朋自远方来，不亦乐乎？人不知而不愠，不亦君子乎？

读书要学会欣赏，正如"昨夜西风凋碧树。独上高楼，望尽天涯路""衣带渐宽终不悔，为伊消得人憔悴""众里寻他千百度，蓦然回首，那人却在，灯火阑珊处"。

三、把反思作为一种习惯

反思是作为教师应具备的必不可少的品质。什么是反思？《辞海》里是这样解释的：反思是心灵以自己的活动作为对象而反观自照，是人们的思维活动和心理活动。

心理学家波斯纳（1939–）说：成长=经验+反思。因此，反思是培养教师的基本模式之一，是建构行动和学习两者之间联系的行为研究。

1. 教学反思，总结经验吸取教训

（1）课前反思。备课有针对性。备课前要问自己三个问题：他人或者自己在以前教学这一内容时，曾经遇到过哪些问题？是采用什么方法来解决这些问题的？效果如何？同时设想学生在学习这一内容时，可能会有哪些问题，如何解决。

（2）课堂反思。反思学生的学，改进教师的教。反思学生在听课时的反应，在课上的合作状况，在课上发表的看法和提出的问题。

（3）课后反思。及时、剖析、提升。①及时——及时反思，不拖延，及时动笔，写心得。②剖析——需要勇气和智慧。要能够正确对待自己的得失和同事的议论；要善于发现教学中的成功和失败，探究原因，在实践中发扬和修正；③提升——在剖析的基础上，把成功提升为经验，把失败提升为教训，产生指导教学的有效方法。

（4）教法反思。改进教学形成特色。①接受学习、自主学习、合作学习、探究学习。②“教学有法，但无定法，贵在得法”。“教学有法”之“法”是教学的法则和规律，“但无定法”之“法”是指具体的教学方法没有常形，“贵在得法”之“法”是指按教学规律的最优章法。

每一种教学方法都具有其独特的功能和长处，但也存在内在的局限性。多种教学方式和教学手段相配合，才能够唤醒学生沉睡的潜能，激活学生封存的记忆，开启学生幽闭的心智，放飞被囚禁的情愫。

美国著名学习专家爱德加·戴尔于1946年提出如下图所示的学习金字塔，形象地显示了学习两周以后平均学习保持率的多少。

听讲——5%

阅读——20%

多感官接触知识——30%

交流 合作 讨论——50%

自主探究 获得知识——70%

教别人掌握知识——90%

学习两周后知识保持率

2. 发展反思：制定目标努力执着

教师在专业发展中，要进行发展反思，制定发展目标。教师在目标实施中，要进行发展反思，分析目标的可行性，以确保目标实现。在实现目标时，有失败，也有成功；有痛苦，更有欢乐。只要坚持不断反思和执着努力，最后一定会获得成功。

四、把岗位作为一种挑战

1. 课堂教学的有效性

知识的储存与提取贯穿学习、教学的整个过程。教学的有效性体现在：①效果——储存知识的能力怎样？②效用——提取知识的本领如何？③效益——综合考虑储存知识与提取知识有哪些实用性？

2. 正确处理好课堂教学的五个关系

（1）教育与教学。课堂是学校育人的主要阵地，发挥课程和学科的育人功能是课堂教育的灵魂，是实现有效教学的基础。新课程下的课堂教学在正确处理知识和技能、方法和能力的同时，更要注意情感和责任方面的培养。一堂好课，必然是教学和教育的有机结合。

（2）预设与生成。对课堂教学目标、内容、进程、条件的预设是成功的基础，体现了教师的价值追求，是教师长期经验积累的表现。教师对学生差异性与发展性的预测不可能绝对正确，所以教师必须给学生留生成的空间，给学生享受生成的权利。一堂好课，必然是预设和生成的完美整合。

（3）接受和探究。接受学习是最有效、最准确、最经济的向学生传递知识的方式，也是知识信息量在传递过程中衰减较少的方式之一。单纯地运用讲授法教学，不易发挥学生学习的主动性、积极性，不易培养学生主动探究的意识和能力。探究学习把学习内容以问题的形式呈现给学生，具有很强的问题性、实践性。一堂好课，必然是接受与探究的相互兼顾。

（4）自主和合作。我们看重学生独立思考的能力和方法，也注重学生自主学习意识和行为的培养。但现代社会更关注学生沟通交流、团队合作素养的培养。合作学习的基本要求包括合作的需求、角色的分工、成果的共享等。应该鼓励学生在自主学习的基础上发展合作学习的能力，在合作学习中担负责任。一堂好课，必然是自主与合作的相辅相成。

（5）工具和教育。人类在获得、传递、积累和应用知识或文化的过程中，最早使用的是甲骨文和木、石等原始工具，后来才有了纸、笔、墨，粉笔、黑板等实物工具。最近几十年，电脑、网络等虚拟工具出现，人类的生存状态已经开始彻底改变了。科学技术可以助推教育转型，促进人的发展。一堂好课，必然是工具与教育的互相促进。

（2019年6月17日在延安市宜川中学全体教师培训会上的演讲稿）

做有尊严的教师

道德修养的一个重要方面，是要让学生懂得并体会到世界上还存在着卑鄙的、龌龊的、不应有的东西。对这些东西感到恶心和愤慨，乃是一种道德上的勇敢精神，而与这些东西同流合污则意味着卑鄙无耻和背弃信念。为了把我们的学生培养成道德上健康、坚定的人，我们把许多精力用于确立他们做人的道德规范上。

——《苏霍姆林斯基选集》第1卷第170页

你若把你的生命放在学生的生命里，把你和你的学生的生命放在大众的生命里，这才算是尽了教师的天职。

——《陶行知全集》第三卷第384页

感悟孔子的教育教学思想

《论语》是孔子及其弟子对孔子从教40年中课堂教学情境的回忆而成的，是一本众多学生的课堂笔记簿，课后札记。本人多次粗读《论语》，略有粗浅的感悟。

一、孔子一生言传身教、身体力行践行“爱心教育”

孔子一生追求“克己复礼”，渴望“老者安之，朋友信之，少者怀之”的博爱世界。孔子教育思想的核心是“仁”，他提倡“仁者爱人”“知者知人”“里仁为美”“仁者安仁，知者利仁”“唯仁者能好人，能恶人”。他强调作为君子，必须“志于学”“志于道”“志于仁”“仁以为己任”，

“人而不仁，如礼何？人而不仁，如乐何？”，并进一步阐述“仁爱”的重要性。他不仅提倡治理国家要施“仁政”，更是在教育教学活动中持之以恒地实践“仁爱”教育。这就是孔子的“心之所之”，即一生行为的动机、目的、内心信念以及理想。

二、孔子一生提倡“真诚、信用”，倡导诚信教育

孔子在教导学生子路时说，“诲女（意为‘汝’）知之乎！知之为知之，不知为不知，是知也”，要求学生在求知上不能有半点虚假。孔子说：“人而无信，不知其可也。大车无輗，小车无軏，其何以行之哉？”此言阐明了“信用”的重要性。孔子说：“益者三友：友直，友谅，友多闻，益矣。”此言明确指出，与正直的人、诚实的人、博学的人交朋友，很好。孔子教学生做人要注意四个方面——“文、行、忠、信”，即“典籍文献，道德实践、对人忠诚、讲究信用”。孔子又进一步提出“君子笃于亲，则民兴于仁”“正颜色，斯近信矣”“狂而不真，侗而不愿，悾悾而不信，吾不知之矣”“主忠信”。孔子的这些教导阐明了讲“诚信”的伟大作用和深远意义。

三、孔子在教学实践中科学地运用了“教学相长”思想

韩愈在《师说》中说“孔子师郯子、苌弘、师襄、老聃”，据专家考证，这些人都是在孔子30岁开坛设教之后与孔子相识的。据记载，没有找到曾经相对集中教过孔子的老师。所以，孔子的学生记下了他的话：“三人行，必有我师焉。”也就是说，不是他来教我，而是我能够向他人学到我想学的东西。“学然后知不足，教然后知困”“知之者不如好之者，好之者不如乐之者”。这里不仅提出了“教学相长”思想，而且明确指出了兴趣和爱好是学习的源动力。正是因为孔子得益多师、师无定师，才真正懂得了教育的本质在于对象，教学的本质在于学。所以，“学、问”从一开始就被抬高到教育教学的至高无上的位置上来。而教师的存在是启发学生学、鼓励学生学、矫正学生学罢了。

四、孔子注重课堂教学的启发性，善于“循循善诱”

孔子与学生子路、曾皙、冉有、公西华等对话，学生围着孔子环坐。孔子说：“我不过大你们几岁，不要顾虑到我是你们的老师。你们总是说‘没

有人了解我’，如果有人想了解，你们愿意做些什么事情呢？”于是，“各言尔志”。只有曾皙正在弹琴，忽然被孔子叫停，于是淡淡地说：“我跟他们所说的不一样。”此时，孔子是如何引导曾皙的呢？“那有什么关系？不过就是说说自己的志愿罢了。”于是曾皙就把自己设计的未来生活场景描述了出来：“暮春时节，穿上新装，和五六个青年去沂水边戏水，在祭坛下乘凉，唱着歌回家。”孔子对于弟子的回答不直接做出评判，而是循循善诱“各言尔志”。所以，颜渊想起自己的老师喟然叹曰：“仰之弥高，钻之弥坚，瞻之在前，忽焉在后，夫子循循然善诱人。”

五、孔子注重对学生的理想教育

“盍各言尔志？”“亦各言其志耳”。孔子经常与学生探讨志向问题，教导学生只要能“立志”“行志”“守志”，对志向有执着的追求，就能实现自己的人生价值，成为“成人”，达到“圣贤”的境界。孔子从自我主体出发，强调“立志”是培养理想人格的起点，同时也是终点，将“立志”教育贯穿“成人”培养的全过程。“各言尔志”的关键在“各”，孔子要求学生自己表达自己的志向，不像我们今天许多教师以己志去灌输、强求学生之志，而使学生失去了因材施教的个性。

六、孔子以身说教渗透挫折教育

孔子一生有四次大转折：30岁时退出仕途，设坛授徒；51岁时再出仕，官至大司寇（我认为相当于今天的国家总理）；55岁时再次退出仕途，开始周游列国至68岁；68岁时再设坛开教，成为专职教师至73岁故去。这四次转折都是在受到重大的挫折之后做出的选择。正是因为充满了挫折感，孔子以身说教来教导学生，从而丰富和完善了“为师者”的形象。孔子经常教导学生“仁者不忧，知者不惑，勇者不惧”。其实，孔子并非无“忧”，他曾经说：“德之不修，学之不讲，闻义不能徙，不善不能改，是吾忧也。”（品德不培养，学习不探究，知道道理而不去践行，有不好的言行而不勇于改正，这才是我的忧虑。）孔子教导学生要正确面对挫折，在经历挫折之后，只有自我完善才能达到理想的彼岸。孔子的执着在于他坚信自己对理想人格的追求，对理想世界的乐观与自信。一个人要实现他的“心之所之”，就必须要有克服困难的坚定信念和毅力。

七、孔子的教育思想贯穿“以人为本”的思想

孔子的学生子路等人在编辑《论语》时，开篇有“益者三乐：乐节礼乐，乐道人之善，乐多贤人”，孔子阐述了“人生三乐”的问题和“兴于诗，立于礼，成于乐”的雅趣。这是孔子在课堂上给学生反复强调的思想，也是学生推崇的一些话。这些话道明了孔子的教育追求及其价值——以立人为追求，以学会做人为教育价值的最大化，“乐”是人生最高境界。只有“学”才能知书识礼，才能知道如何处理人际关系，才能解决如何做人的难题，才能走向快乐的人生。

“学人者生，似人者死”，学习孔子的教育教学思想，并不是要完全按照孔子的理解方法去教育我们今天的学生，而是要从孔子对教育的痴迷、哲学理解来对我们的现实教育做出理念上的调整、手段上的调整和智慧上的决策。不管教育技术多么完备和发达，我们永远都要追寻一个教育真谛：一切以学生为中心。只有立人才是教育的起始，也是教育的终极价值。

（发表于《镇巴教育》）

静心修养师德，做合格教师

今天我们共同探讨、交流九个问题。

问题一：师德的基本内涵和特点

（一）师德的基本内涵和基本范畴是什么

1. 师德的基本内涵

师德是指教师在职业中理解或追寻的职业意义、履行职业道德规范或准则过程中所表现出来的观念意识和行为品质。

2. 师德的基本范畴

（1）师德文化现象。师德文化现象是指在教育实际及其体验中形成和发

展起来的关于师德问题的表达和体现系统，显示对教师职业活动（应该不应该、合理不合理、公正不公正等）问题的价值性关注。

（2）师德品质现象。师德品质现象是教师个体或群体在教师职业价值意义、原则规范等方面的内在获得及外在表现。

（3）师德活动现象。师德活动现象是教师个体或团体在职业活动中受一定善恶观念和行为规范支配所进行的各种道德实践活动。

（二）师德与社会公共道德的相同点有哪些

1. 相对独立性

（1）道德发展中，某些道德并不因时代更替而发生变化，如勤劳、善良、尊老爱幼、团结友邻等。

（2）道德发展与社会发展并不总是保持同步，或滞于社会发展，或超前于社会发展。

（3）道德与社会生产和经济发展水平不平衡。

2. 阶级性

（1）不同阶级总是从自己实际所处的经济地位中形成本阶级特有的道德原则。

（2）不同阶级的道德总是反映本阶级的利益和要求。

（3）不同阶级以自己的道德作为工具维护本阶级利益。

3. 历史继承性

（1）继承或提倡历史遗留下来的道德。

（2）使用历史遗留下来的某些道德术语并根据现存社会的需要赋予其新的内容。

（3）根据历史遗留的道德提出新道德。

4. 共含性

师德与社会公德都包括文化现象、品德现象、活动现象等。

（三）师德的基本特点有哪些

1. 特为性

（1）针对性。师德的一切内容和问题都针对教师职业而言。

（2）特殊性。专门为教师职业服务，其他道德无法代替。

（3）适应性。最适用于教师职业的道德关系和矛盾解决。

2. 教书育人要求的一致性

（1）古今师德的发展始终贯穿教书育人的要求。

（2）教师的职责是既要教学生有关具体学科的知识，又要让学生知晓立身处世的品德。

3. 内容的全面性

内容的全面性表现在教师劳动价值、职业社会地位等方面。

4. 功能的多样性

（1）师德是教师职业工作的精神动力。

（2）师德对教师有中央引导作用。

（3）师德对教育活动中的人际关系具有重要的调节作用。

（4）师德对教师职业道德修养有极大的促进作用。

问题二：师德的基本原则和规范

（一）什么是师德的基本原则，它主要包括哪几方面

1. 什么是师德基本原则

教师基本职业道德简称师德基本原则，是一定阶级和社会对教师职业道德行为提出的根本要求，是教师在教育活动中处理各种利益关系、调解和评价一切道德行为的根本规则。

2. 师德的基本原则主要包括哪几个方面

（1）教书育人原则。①教书育人之传授知识、培养人才，反映教师这一行业的本质特征；②教书育人是教师基本职责的概括；③教书育人是古今中外许多典籍著述和先哲大师一直强调的。

（2）乐教勤业原则。①教育要实现自身效益和社会价值要求，教师必须乐教勤业；②乐教勤业是制约教师教育工作成效的主要内在因素和首要要求；③乐教勤业能取得良好的育人效果。

（3）人格示范原则。①人格示范是一种重要的教育力量；②人格示范是一种对学生有着直接影响的教育因素。

（二）教书育人、乐教勤业、人格示范的含义和要求各是什么

1. 教书育人的含义

教书育人是指传授知识，培养人才。在教育活动中，教师既要努力教授学生学习知识，又要培育学生成人成才。教师只有把两者有机地结合在一

起，才能更好地实现教育目的。

2. 教书育人的要求

（1）正确认识和处理好教书和育人的关系。育人是目的，是根本，教书是工作形式，是实现育人的经常化手段。两者密切联系，相互促进，但又不能等同。

（2）正确理解育人的含义，树立全民的育人意识。

（3）多方面努力，更好地实现教书育人的目的。

3. 乐教勤业的含义

乐教勤业是指教师要乐于从事教育事业，勤奋地工作。

4. 乐教勤业对教师的要求

（1）热爱教育，乐于从事教育事业。①要不断深化对教育价值的多方面认识；②要不断深化对教师社会作用的认识，增强教师工作的荣誉感；③要善于从复杂的育人工作中体验艰巨劳动中的快乐；④要不断增强热爱学生的社会责任感。

（2）勤于功业，勤奋工作。①要勤于学习，不断丰富自己，开阔知识视野；②要勤于钻研，掌握从教规律；③要勤于思考，认真对待日常工作。

5. 人格示范的含义

人格示范是指教师通过自身高尚的人格力量给学生以良好的榜样示范，这是师德的主要特征。

6. 人格示范对教师的要求

（1）教育者先受教育。

（2）在实践中努力锻炼和形成良好的道德人格。

（3）要有良好的仪态。

（三）教师应具备什么样的仪态

健康的体魄、整洁的仪表、优雅的举止、流利的语言、适当的礼节、愉快的表情、文雅的风度。

（四）什么是师德的基本规范

师德的基本规范是教师职业道德规范以及对教师职业道德态度、情感和行为等方面约定俗成及明确规定的标准，是依据道德原则调整教育过程中各种利益关系，判断教师行为是非善恶的具体道德标准。它比师德原则更直接、更具体地指导和评价教师的教育行为。

（五）现时期我国中小学教师师德的主要规范是什么，各项规范的调整对象和基本含义是什么

1. 现时期我国中小学教师师德的主要规范是什么

现时期我国中小学教师师德的主要规范是依法执教、爱岗敬业、热爱学生、严谨治学、团结协作、尊重家长、廉洁从教、为人师表，核心内容是爱岗敬业、教书育人、为人师表。

2. 各项规范的调整对象和基本含义是什么

（1）依法执教。依法执教是调整教师劳动与法律制度之间关系的道德规范。依法执教的基本含义：①学习和宣传马克思列宁主义、毛泽东思想和建设中国特色社会主义理论，拥护党的基本路线；②全面贯彻国家教育方针，自觉遵守教师法等法律法规，在教育教学中同党和国家的方针政策保持一致，不得有违背党和国家方针、政策的言行。

（2）爱岗敬业。爱岗敬业是调整教师与职业之间相互关系的道德规范。爱岗敬业的基本含义是热爱教育、热爱学校、尽职尽责、教书育人，注意培养学生良好的思想品德，不敷衍塞责，不传播有害学生身心健康的思想。

（3）热爱学生。热爱学生是调整教师和学生之间相互关系的道德规范。热爱学生的基本含义是：①关心、爱护全体学生，尊重学生的人格，平等、公正地对待学生；②对学生严格要求，耐心教导，不体罚或变相体罚学生，保护学生合法权益，促进学生全面、生动、健康的发展。

（4）严谨治学。严谨治学是处理教师及其业务水平之间相互关系的道德规范。严谨治学的基本含义是教师要树立优良学风、刻苦钻研业务、不断学习新知识、探索教育教学规律、改进教育教学方法、提高教育教学和科研水平。

（5）团结协作。团结协作是调节教师与教师、教师与学校领导等教育主体之间相互关系的道德规范。团结协作的基本含义是谦虚谨慎、尊重同志，相互学习、相互帮助，树立其他教师在学生中的威信，关心集体，维护学校荣誉，共创文明校风。

（6）尊重家长。尊重家长是处理教师和学生家长之间相互关系的道德规范。尊重家长的基本含义是教师主动与家长联系，认真听取意见和建议，取得支持和配合，积极宣传科学的教育思想和方法，不训斥，指责学生家长。

（7）廉洁从教。廉洁从教是调整教师与物欲诱惑之间关系的道德规范。廉洁从教的基本含义是坚守高尚情操，发扬奉献精神，自觉抵制社会不良风

气影响，不利用职责之便谋求私利。

（8）为人师表。为人师表是调整教育活动中教师个人言行的道德规范。为人师表的基本含义是遵守社会公德，衣着整洁得体，语言规范健康，举止文明礼貌，严以律己，作风正派，以身作则，注意自省、自查、自纠。

（六）怎样在实践中形成教师内在的意识和品质

1. 加强理论学习，注意内省、慎独

（1）教师要认真学习理论，树立正确的世界观和人生观。

（2）在理论学习中深刻理解教师道德规范和要求，明辨是非，提高遵守师德规范和要求的自觉性。

（3）学习教育科学理论和丰富的科学文化知识，掌握教书育人的本领。

（4）注意把师德规范内化为教师内心的信念，化为行为的品质，并以此支配教师的行动。

（5）必须注意慎独的修养（曾国藩在家书中最早提出的）。

2. 勇于实践磨炼，增强情感体验

（1）教育实践是教师职业道德修养的目的和归宿。

（2）教育实践是教师不断提高职业道德修养的动力。

3. 虚心向他人学习，自觉与他人交流

（1）注意从教育家那里吸取思想营养。

（2）学习优秀教师。

（3）向同伴、学生学习。

（4）注意学习和吸取社会生活中一切有用的养料。

（七）为什么要强化师德

1. 强化师德有利于提高教师素质

（1）师德在教师专业素质的多方面发展中处于重要地位，对教师其他方面素质的发展有重要的制约作用。

（2）良好师德包含爱岗敬业、精益求精等做好教育工作的精神需求，这种内在的需求推动和激励教师进行专业素质的自觉学习和提高。

（3）师德是教师不断提高业务素质的精神动力和源泉。

2. 有利于强化教师的事业心、责任心

（1）师德是教师事业心、责任感生发、培育、强化、升华的重要因素，所包含的许多规范和道德问题的阐释直接或间接强化了教师的事业心与责任感。

（2）师德是教师个体品质的内在力量，促使教师自觉热忱地投入工作，用辛勤劳动培养社会所需人才，全面履行自己的职责。

（3）教师应以师德为准则，调节各方面关系，正确处理教师个体需要与社会要求、局部利益的关系。

（4）对师德优劣的评价会对教师事业心、责任感产生激励、强化或改正的作用。

3. 有利于净化教育行业风气，推动社会精神文明建设

（1）师德包含教育职业文明的价值指向和理性教化，对良好教育行业风气养成起重要作用。

（2）行业风气问题就是职业道德问题，行业风气的好坏根本在于职业道德的好坏。强化师德在深层次上是良好行业风气养成的坚实基础，能从根本上彻底解决行业风气中存在的问题。

问题三：教师的价值实现与幸福

（一）什么是价值、价值实现和教师的价值实现

1. 价值的含义

价值即有用，指一事物对与他相关联的其他事物具有的意义或功能属性，是存在的客体对于需要它的主体所具有的意义或功能。

2. 价值实现的含义

价值实现指事物自身需要的满足及其公用性的发挥。就人而言，价值实现是指自身需要在实践活动中得到满足，自身功用性在实践中产生作用并被认可。

3. 教师价值实现的含义

教师的价值实现是指教师个体的自足性实现和自身存在的功用性被认可，教师主体的价值实现和职业价值实现是和谐统一的。

（二）什么是幸福和教师的幸福

1. 幸福的含义

幸福是人内在价值观念及相应的人生追求在现实生活中得以实现时，所产生的鲜明持久的愉悦感和满意的体验，是生活境遇的现实内容适合或满足人的价值取向、生活目标等时，所产生的欣慰和满意的感受。

2. 教师的幸福的含义

教师的幸福，包括作为社会人的幸福，含有社会生活中的人所具有的幸福内容；作为职业人的幸福，这种幸福反映教师对职业的满意感受。教师作为社会人和职业人的幸福互存互为。

（三）什么是价值对待，教师的价值对待包括哪些主要问题，应怎样正确认识这些问题

1. 价值对待的含义

价值对待指选择什么价值，如何对待各种价值等问题，是教师价值追求和价值实现的重要前提。

2. 教师的价值对待应正确认识和把握好哪些问题

（1）物质和精神的价值对待：①注重物质追求和精神追求的和谐统一；②在物质、精神追求上不能违背合理性、正当性和健康性。

（2）自我与职业的价值对待：①教师作为人的价值的实现与其职业价值的实现密切联系；②应注意保证教师在职业价值实现过程中作为人的价值实现得到明显体现；③教师不应把作为人的价值实现凌驾于职业价值实现之上。

（3）目的性存在和工具性存在的价值对待：教师应在认识和实践中坚持和体现二者的统一，对二者不可缺少伦理性的把握。

（四）什么是实践对待？教师的价值实现在实际上应怎样努力

1. 实践对待的含义

实践对待指如何实践地对待问题。其实质在于：解决如何实践才能达到价值实现的问题。

2. 教师在实践中需要强调的问题

（1）要对价值实现中的各种价值取向予以正确地认识和把握。①正确看待它们的相互关系；②教师的价值实现要以职业实践为中心和根本依托；③要坚持和体现全面发展的教育宗旨。

（2）要注意不断提高自身素质。①要苦学、苦练；②注意从外界吸收营养；③要养成反思的习惯。

（3）在实践中注重不断进取创新，充分发挥自己的创造潜能。

（4）要注重实践努力的自我强化。①要注重从价值实现的意义上来强化；②要注重实践责任的强化。

（五）教师幸福的基本取向有哪些，应怎样实现教师的幸福

1. 教师的幸福取向

（1）物质取向。①教师在实现物质幸福的过程中应坚持途径和手段正当的原则；②依靠自身诚实劳动获得物质幸福。

（2）精神取向。①教师要避免将精神幸福同物质幸福对立起来；②要有整体性的把握，不能单纯满足某一方面；③教师的精神幸福应体现为精神生活、情感生活的高雅；④在精神幸福实现的方式上，要注重自身修养，善于与他人合作。

（3）事业取向。教师职业幸福感具有的特点：①对教育过程的幸福感；②对结果的幸福感；③对规范正确理解的幸福感。

2. 教师幸福应有的实际努力

（1）爱教乐教。爱教是乐教的前提与基础，乐教是爱教的进一步升华。

（2）树立教育价值的伦理信念。教育价值的伦理信念是教师职业的巨大推动力。

（3）立信、立德，追求无限及超越，并能在其中体味到生活的充实。

（4）在创造中体验尊严与生命的活力。

问题四：教师基本的职业操守

（一）教师在爱岗敬业方面的不同境界是什么，应怎样看待这几种境界

1. 教师爱岗敬业的境界

（1）厌教。厌教属于最低层次，教师履行教师职责和义务纯粹出于外界压力。

（2）功利性。教师工作目的是为了满足个人利益，行为表现不稳定。

（3）热爱。教师教育行为具有自律性。

（4）乐教。教师对教育工作有深刻、全面的认识，并被工作本身所具有的乐趣深深吸引。

2. 怎样看待

以上四种境界，对第一种应当唾弃和否定。第二种在承认其合理性的同时应当自觉超越。第三种是应当大力肯定和赞扬的。第四种应当向往和追求。

（二）教师爱岗敬业的教育意义是什么

1. 爱岗敬业是保持教师队伍稳定的基础

有了爱岗敬业的精神，教师就能自觉地加强自我教育、自我修养，使自身素质合乎职业的要求，从而形成教师队伍的稳定性发展。

2. 爱岗敬业是乐教勤业的动力来源

爱岗敬业的道德价值观可以使教师在实现自己的道德理想时感到骄傲、兴奋和幸福。

3. 爱岗敬业才能在岗位上有所作为

只有爱岗尽责，教师才能对自己的职业职责自觉地履行，才能促进自我的不断完善。

（三）怎样强化爱岗敬业精神，怎样在教育活动中体现爱岗敬业精神

1. 强化爱岗敬业需要注意的问题

（1）理解教师职业的社会意义。不仅要把教师职业看成谋生之路，还要全面透视它对学生的幸福、对民族的命运、对国家兴旺发达所具有的巨大价值。

（2）全面理解和认识爱岗敬业的教育价值。全面理解爱岗敬业是教师培养和强化敬业精神的基本手段和要求。

（3）注意实践体验。

2. 爱岗敬业的实践体现

（1）教书育人，尽职尽责。

（2）学而不厌，诲人不倦。

（3）认真工作，不敷衍塞责。

（4）勤奋钻研，科学施教。

（5）淡泊名利，育人为乐。

（四）严谨治学体现了哪些道德精神

（1）严谨治学是实事求是精神的体现。严谨治学是实事求是精神在教师职业中的特殊体现。教育工作需要实事求是精神，要严格按照教育自身的特点和规律育人。

（2）严谨治学是科学精神的体现，比如旁征博引、注意知识的更新、尊重规律等。

（3）严谨治学是爱岗敬业精神的体现。

（五）教师严谨治学的教育意义体现在哪些方面

1. 严谨治学是培养学生良好学风所必需的

（1）良好学风为学生的持续发展打下良好的基础。

（2）良好学风是教育目标的重要内容。

（3）教师作为学生的榜样，对学生成长有直接影响。

2. 严谨治学是提高教师素质所必需的

（1）教师要具备好学不倦的精神。

（2）教师需要有不断更新知识、完善知识结构的积极态度和科学精神。

（3）教师需要不断完善自己的能力结构，提高自己的教育教学能力。

3. 严谨治学是不断提高教育质量所必需的

有严谨治学的一贯保证才能具有一流的教育质量。

（六）教师应怎样在实践中体现严谨治学的道德要求

1. 好学不倦，努力精通业务

（1）好学不倦要有志于学。

（2）好学不倦体现着勤奋。

（3）好学不倦要求勤学好问，不耻下问。

2. 把握规律，科学施教

（1）及时总结和提炼经验。

（2）主动学习前人对教育活动规律的科学认识。

3. 严于律己，精益求精

（1）对科学有满腔热情。

（2）对教育艺术不懈追求。

4. 不断探索，勇于创新

（1）不断发展改革意识。

（2）注意发现教育工作中的问题并正确解决问题。

（3）要勇于接受新思想、新事物。

（4）将自己的劳动当成例行性活动来对待。

（5）不断提高自身的教育科研能力。

问题五：教师职业中基本的人伦关系

（一）教师职业中包括哪几种人伦关系

教师职业包括教师与学生、教师与同事、教师与学生家长三种人伦关系。

（二）为什么要建立良好的师生关系，师生关系不良的表现及其导致的原因是什么

1. 为什么要建立良好的师生关系

师生关系是学校人际关系的主体，是教育过程中最基本的人际关系。

（1）师生关系是影响教学质量的重要因素。在良好的师生关系条件下，师生心情愉快，更能专心于教和学。师生关系良好与否，是学生是否对本学科感兴趣的关键因素。

（2）良好的师生关系对学生的身心发展具有重要意义。良好的师生关系能使学生适应周围的生活环境，形成和保持健康的心理状态。

（3）良好的师生关系对教师自身的发展将产生重要影响。良好的师生关系有助于教师把劳动看作乐趣和追求。

综上所述，教师在教育教学中，应努力建立良好的师生关系。

2. 师生关系的不良表现

（1）冷漠化现象。

（2）非人道化现象。

（3）物质化、庸俗化现象。

3. 导致师生关系不良的原因

（1）受传统师生观的影响，强调教师权威，忽视情感因素的作用。

（2）应试教育的影响，教师高压，学生厌学，师生互不理解。

（3）教师缺乏良好的个性修养和教育经验，在教育教学中方法失当。

（4）知识经济时代的到来、商品经济的冲击，使教师的地位和作用受到影响。

（三）怎样的师生关系才是合理的

合理的师生关系应有的体现如下。

1. 民主平等

（1）教师与学生在政治上、人格上和真理面前是民主平等的。

（2）教师与学生在教学过程中是民主平等的。教师要从学生实际出发，确定教学目标和教学内容，选择教学方法，同时征求学生意见，认真接受学生的合理建议和要求。

2. 爱生尊师

教师对学生的爱是所有教育活动的核心与前提。学生尊重教师同尊重教师劳动的奉献精神和人格风范是联系在一起的。

3. 心理相容

师生之间的心理相容指教师和学生集体之间、学生个人之间在心理上彼此协调一致，互相接纳、理解、认可。

4. 教学相长

教学相长体现了师生之间互惠互利的关系，在教学过程中教师与学生互相配合、促进、补充，以完满地实现教育目标。

（四）团结协作的含义以及其对做好教育工作的重要性是什么

1. 团结协作的含义

团结协作指人们的联合及在各种活动中的相互配合、合作。作为师德规范，团结协作强调人际凝聚及相互的配合，重视协作力量的形成和发挥，重视人的力量的整体性，蕴含深厚的伦理学意义，即集体主义。

2. 团结协作对做好教育工作的重要表现

（1）团结协作有利于学生良好品德的发展。

（2）团结协作有利于形成良好的教育氛围，增强教育的有效性。

（3）团结协作有利于形成良好的心理氛围。

（五）教师之间怎样才能体现团结协作的精神

1. 关心教师集体，维护集体荣誉

（1）要正确认识个人和集体的关系。

（2）用适当的、良好的方式处理与集体的关系。

（3）在处理与集体关系时，不能把自身利益摆在集体利益之上。

（4）处理好个人与集体的关系，把个人和集体的利益融合在一起，自觉维护集体利益。

2. 尊重同志，相互学习，建立和谐的人际关系

（1）要平等互尊。

（2）要相容互谅。

（3）要团结互助。

3. 克服文人相轻的毛病，相互学习配合

（1）要谦虚正直。

（2）要维护其他教师的威信，做到文人相助。

（六）教师与学生家长之间怎样的关系才是合理的

教师与学生家长合理的基本关系体现在以下几方面。

1. 社会地位的平等性

教师与家长都是普通公民，享有法律所赋予的同等权利和义务，社会地位平等。对教师来说，从其工作性质和具有的文化修养来看，尊重家长更应自觉一些。

2. 联系交往的互尊性

教师和学生家长建立和谐的联系和交往，能把学校教育和家庭教育紧密地结合在一起，取得良好的教育效果。

3. 教育过程的配合性

教师与学生家长之间的良好配合能对学生形成一致、强大的教育影响。

（七）教师与学生家长之间的矛盾有哪些，教师应怎样处理与学生家长的关系

教师与学生家长间的矛盾表现为以下几种。

（1）由于对学生在了解上和要求上存在差异性，教师和学生家长之间有时会产生矛盾。

（2）教师与家长对学生的情感不一样。

（3）教育学修养水平的差距会使教师与家长在教育教学方式上不一致。

（4）教育是个复杂的过程，学生成长是对各方面因素综合作用的辩证过程。

（5）其他原因。如学生家长常常对教师提出过高要求；教师工作中确实有缺点，而家长缺乏应有的谅解态度，也会使教师与学生家长之间产生矛盾。

（八）教师在处理与学生家长关系时应遵循四个方面的道德要求

（1）主动与学生家长联系，谋求共同一致的教育立场。

（2）认真听取家长的意见和建议，取得家长的支持和配合。

（3）尊重学生家长的人格，不训斥，不指责。

（4）教育学生尊敬自己的父母。

（5）有效地指导家庭教育。

问题六：依法执教的基本要求及实践把握

（一）教育法律法规的道义性是什么

教育法律法规的道义性是指在教育法律法规中体现出来的善意性、人道性、公正性，以及它对善、对人道和对公正的维护性。教育法律法规的道义性包括：①人道——正义性；②公平——合理性；③公正——平等性。

（二）为什么要依法执教

（1）依法执教是强化教育社会功能所必需的。

（2）依法执教是普及义务教育所必需的。

（3）依法执教是教育规范化、有序化所必需的。

（4）依法执教是保证教育人道化所必需的。教育人道化的实质即人性化的教育。

（三）在实践中怎样做到依法执教

（1）正确认识和理解教育法律法规与教育规律的关系。

（2）自觉树立依法执教的意识。

（3）在实践中自觉坚持和维护教育法律法规。

问题七：廉洁从教的意义及其实践操守

（一）为什么要把廉洁从教作为师德的基本规范

（1）廉洁是师道所立的根本前提，廉洁公正是社会择师的首要人格条件。

（2）廉洁公正是为师立教的根本。只有廉洁，教师的人格才具有可信性；只有廉洁，教师才能保证教育的公正性。

（3）廉洁对学生的教育有重要影响。廉洁是“树人”的根本人格条件；廉洁公正的教师才能培养学生高尚的道德情感和道德操守。

（4）教师廉洁从教有利于学生形成正确的道德是非观念。

（二）为师不廉的表现和原因是什么，应从哪些方面矫正为师不廉的问题

1. 为师不廉的表现

（1）不热爱本职工作，把主要精力用于校外办班“创收”上。

（2）利用教师之便，向学生强行推销不必要的资料。

（3）向学生推销各种商品。

（4）向学生收受贿赂。

（5）课堂教学不尽心，从事课外“有酬劳动”。

（6）热衷结交有权有势或专管钱物的家长。

2. 为师不廉的原因

（1）外在客观因素：①外在规范失衡乏力，即社会变革引起的规范混乱及乏力；②收入分配不公；③社会不正之风的浸染。

（2）内在的主观因素：①人生价值观错位；②心理防卫失当；③道德品质败坏。

3. 着手矫正为师不廉方面的问题

（1）人与社会问题。人与社会相互依存，当个人需要和社会需要发生矛盾时，只有坚持社会价值导向，坚持集体主义价值导向，才能抑制和克服为教不廉。

（2）奉献与索取问题。奉献与索取是相互联系的两个方面，是人生两个不可分离的权利和义务。人的生存和发展需要从外界获得必要条件，在索取的同时应以积极的劳动创造为社会做贡献。

（3）义和利的问题。当今社会的发展，人的利益受到社会的重视，但绝不能“重利弃义”，而应坚持“义”与“利”的有机结合、协调统一。

（4）幸福观的问题。真正的幸福在于精神生活和物质生活的协调统一。

（三）在实践中怎样才能做到廉洁从教

在实践中廉洁从教应注意以下几个方面。

1. 保持廉洁自律，坚守道德情操

（1）要不断提高道德认识。

（2）要不断增强道德情感。

（3）要不断磨炼意志。

（4）要努力养成良好的道德行为习惯。

2. 抵制不良风气，保证教育公正

（1）应明确是非标准。

（2）敢于抵制不良风气，恪守公正立场。

（3）自觉培养公正之品行。

3. 自觉接受外界监督，增强廉洁从教意识

（1）主动把从教行为置于组织和群众监督之下。

（2）在从教过程中处理各种关系时增强透明度。

问题八：教育爱的价值及其应有的实践把握

（一）教育爱的含义和伦理精神是什么，教育过程的人道化有哪些要求

1. 教育爱的含义

教育爱是指教师在教育过程中所表现出来的一种高尚的道德境界、敬业精神和富有人道性的教育艺术，它不仅指教师对学生的尊重、爱护和关心，还包括教师用爱的情感和言行感化学生，陶冶学生，启迪、引导、教育学生。

2. 教育过程人道化的基本要求

（1）尊重学生，不讽刺挖苦学生，不歧视、不体罚或变相体罚学生。

（2）关心学生，在他们需要帮助时给予及时的帮助和指导。

（3）热爱学生，对学生的发展予以全身心的投入。

（4）平等公正地对待学生，保持平等的师生关系。

（二）教育爱的育人价值主要有哪些体现

1. 感化价值

教师尊重关爱学生会使师生关系和谐，使学生乐于相互交往与沟通。

2. 陶冶价值

教师尊重关爱学生的态度和行为，对学生良好思想品德的形成和发展具有良好的陶冶与示范作用。

3. 激励价值

教师尊重关爱学生是激励学生有效学习的动力。

4. 和谐师生关系的价值

师生关系的好坏可以说明教育人道化的情况，并深刻影响教育的效果。

（三）怎样在实践中正确把握教育爱的内涵

教师在教育爱的实践中应重视方式方法的理性把握和体现。

1. 教育爱的人道性

教育爱必须要建立在对学生人格及其尊严尊重的基础之上，体现人格地位的平等性。

2. 教育爱的广泛性

（1）教育爱要求教师关爱全体学生。

（2）教育爱要求教师全面关心学生，促进学生各方面和谐发展。

（3）教师要善于理解或尽可能理解学生。

（4）教师要把自己摆在学生当前位置，体验学生的心理。

（5）教师要认识到学生有缺点是不可避免的，相信他们会在成长中加以改正。

3. 教育爱的引导性

（1）注意把对学生的爱与教育目的结合起来。

（2）善于使爱的情感和行为富有激励性。

4. 教育爱的理智性和纯洁性

（1）教师对学生的爱要有明确的目的性和正确的是非标准。

（2）教师对学生的爱要正直、公正、坦荡、无私。

5. 爱与严的结合性

（1）教师要善于在尊重学生的基础上提出严格要求。

（2）教师要善于在严格要求的过程中体现对学生的尊重和关爱。

（3）教师对学生的爱和严要适度把握。

问题九：教师的师表风范

（一）什么是师表风范，其行为根本和人格品性各是什么

1. 师表风范的含义

师表风范特指教师外显言行的表现状态，具体指风度气派等，是教师外显言行的风度和气派的总称。师表显示的是外部言行的表现特征，风范显示的是外在言行的气派和风度。

2. 师表风范的行为根本是为人师表

（1）为人师表是教师职业应有的基本素养。

（2）为人师表是社会对教师职业赋予的特殊要求。

（3）为人师表对社会风尚的形成具有重要作用。

3. 师表风范的根本

师表风范的根本是师表风范的求真、求善、求美品性。

（二）师表风范体现了哪些基本原则

师表风范体现的基本原则如下。

（1）表率性。教师职业要求教师的表率应成为经常化的自觉行为，应与教师的日常职业活动相伴随。

（2）律己性。律己性是保持良好师德风范自觉的内在基础和根本保证。在实践中教师要以职业的需要及被认可的要求约束自己，自己给自己立法，

从“双基”到“三维目标”，再到2016核心素养，这是从教书走向育人这一过程的不同阶段。

话题二：核心素养的源出、概念与本质

（一）核心素养的源出

近几年来，在教育实践领域和教育研究领域，核心素养成为非常时髦的一个热词，谈论教育问题时如果不涉及核心素养，似乎有落后之嫌。但是对于核心素养这一概念的内涵外延，看法并不相同，众说纷纭，莫衷一是。滥用、泛用该词的现象比比皆是，随意性很强，乱象迭出。对此概念进行梳理，正本清源，拨乱反正，很有必要。

核心素养这个概念舶来于西方，英文词是Key Competencies。Key在英语中有关键的、必不可少的等含义。Competencies也可以直译为能力，但从它所包含的内容看，译成素养更为恰当。简言之，核心素养就是关键素养。

1.“核心素养”最早出现在经合组织（OECD）和欧盟理事会的研究报告中

经济合作和发展组织（以下简称经合组织）1997年启动了“素养的界定与遴选：理论和概念基础”（Definition and Selection of Competencies：Theoretical and Conceptual Foundations，DeSeCo）研究项目，此时并未在项目名称中直接使用核心素养一词，但2003 年出版最终研究报告《核心素养促进成功的生活和健全的社会》（*Key Competencies for a Successful Life and a Well-Functioning Society*）时，使用了该词。为推进核心素养走进教育实践，2005年经合组织又发布了《核心素养的界定与遴选：行动纲要》（*The Definition and Selection of Key Competencies*：*Executive Summary*），以增强核心素养应用于教育实践的可操作性。

2. 欧盟的核心素养框架受到经合组织研究项目的影响

欧盟的一个研究小组在2002年3月发布的研究报告《知识经济时代的核心素养》中首次使用了Key Competencies这一概念，并认为“核心素养代表了一系列知识、技能和态度的集合，它们是可迁移的、多功能的，这些素养是每个人发展自我、融入社会及胜任工作所必需的”。2006年12月，欧洲议会和欧盟理事会通过了关于核心素养的建议案《以核心素养促进终身学习》（*Key Competences for Lifelong Learning*），标志着8项核心素养最终版本的正式发布。欧盟理事会与欧盟委员会联合发布的2010年《面向变化中的世界的核心

素养》（*Key Competences for a Changing World*），"Key Competences"一词竟然出现了381次，真正成了"关键词"。

在国际上，与"Key Competences"同样火爆的一个词是"21st Century Skills"，有人将之译为21世纪技能或者21世纪能力，从该词所包含的内容看，译为21世纪素养比较合适。实际上，英文中的Competences和Skills，在描述人的发展的维度时，在词义上没有本质区别，没有必要为此大费口舌而耽误时间，而且在具体内容上，核心素养与21世纪素养也是大同小异。

3. 21世纪素养的研究始于美国

2002年在联邦教育部的领导下，美国成立了"21世纪素养合作组织"。该组织制定了《21世纪素养框架》（以下简称《框架》），2007年该组织发布了《框架》的更新版本。新加坡和日本受美国影响较大。新加坡教育部2010年3月颁布了"21世纪素养"。日本国立教育政策研究所于2013年3月发布了题为"培养适应社会变化的素质与能力的教育课程编制的基本原理"的报告，提出了日本的"21世纪能力"。

仅从字面上看，21世纪素养比核心素养更具有时代感，更能反映社会变迁对于人的素质的新要求。本文认为，根据以上分析，可以把核心素养简单界定为：为了适应21世纪的社会变革，人所应该具备的关键素养。简而言之，核心素养即21世纪关键素养。

（二）核心素养的概念与本质

要理解核心素养这一概念，把握核心素养的本质，需要关注以下几点。

1. 核心素养是关键素养，不是全面素养

有人认为，核心素养一词可有可无，因为核心素养只是素质教育、"三维目标"、全面发展、综合素质等词汇的另外一种表述方式，唯一的不同是，核心素养的表述好像更时髦，更有国际范儿，更能吸引眼球，但本质上是换汤不换药、新瓶装旧酒。

把核心素养等同于全面素养，显然是错误的。从词义上看，核心素养必须是核心的素养；核心素养之外，还应该有非核心素养。否则，所有的素养放在一起，就不是核心的素养了。核心素养不是面面俱到的素养的大杂烩，而是全部素养清单中的关键素养。从此意义上讲，核心素养是素质教育、"三维目标"、全面发展、综合素质等中间的关键少数素养，是各种素养中的"优先选项"，是素质教育、"三维目标"、全面发展、综合素质等的

"聚焦版"。

那么，如何聚焦？如何从众多素养中找到关键的素养？必须根据人的发展与社会发展的要求来确定核心素养。

2. 核心素养要反映个体需要，更要反映社会需要

在以人为本的"权利时代"，核心素养要反映个体发展的需要，为个体过上成功的生活做准备。但是，个人的生存与发展不能脱离具体的社会环境。

21世纪对于学生素养发展的要求与我国古代或者西方古希腊时期大相径庭。个人的核心素养应该适应、促进21世纪的社会变迁与社会进步。

从产生背景看，1996年经合组织正式提出了"知识经济"的概念。

1997年经合组织开始发起关于核心素养的研究。显而易见，核心素养的研究是为了应对21世纪特别是知识经济的挑战。经济是基础，经济形态的变革会带动社会其他维度相应变革。伴随着两大阵营对垒的解除，伴随着WTO的跨国界影响，伴随着信息技术革命的飞速进展，世界在21世纪进入了知识经济、全球化和信息化时代。这种变局为"三千年未有之大变局"，核心素养是对这个大变局的应对，核心素养具有鲜明的时代性和全球化特征。

核心素养框架的确定必须具有时代性与前瞻性。在核心素养指标的遴选方面，从全球范围来看，国际组织、一些国家和地区在核心素养的选取上都反映了经济社会发展的最新要求，强调创新与创造力、信息素养、国际视野、沟通与交流、团队合作、社会参与及社会贡献、自我规划与管理等素养，内容虽不尽相同，但都是为适应21世纪的挑战而提出的。

从这个意义上看，核心素养是适应个人终身发展和社会发展所需要的关键素养。只有具备这些素养，学生才能成功地适应社会，在自我实现的同时促进社会的发展。

3. 核心素养是高级素养，不是低级素养，也不是基础素养

学生生存与发展，需要多种素养。但是，面对21世纪的挑战，这些素养的重要性并不是平行并重的，需要有优先顺序。这些优先选项是什么呢？创新能力、信息素养、合作能力、社会责任、交流技能等排在前列，这些素养事关个体能否更好地适应21世纪的挑战，事关国家发展和民族振兴。我们的应试教育也培养了一些素养，如死记硬背（记忆）的素养、题海战术（应对考试）的素养等，在新的世界形势下，这些素养都是低级素养，没有竞争力。核心素养是高级素养，学生的发展需要高级素养，国家参与国际竞争需要高级素养。中国的国民素质和学生素质需要更新换代，中国的教育目标需要升级换代，核心素养为更新换代指明了方向。

核心素养之所以是高级素养，还有两个原因：①核心素养是跨学科的，高于学科知识；②核心素养是综合性的，是对知识、能力、态度的综合与超越。

核心素养作为关键少数的高级素养，也不是基础素养。例如，身体素质对于人的生存与发展至关重要，可以视为基础素养。但因为“太基础”了，国外的核心素养框架中几乎都没有将之列入其中。另外，传统的“读、写、算”等基础素养，也未被纳入其中。

4. 核心素养要反映全球化的要求，更要体现本土性的要求

我国的核心素养“热”，显然是受到国外的影响。在全球化背景下，各国学生核心素养的范围会有一定的甚至相当的共性，如对信息素养的要求。但因为国情差异，特别是各国发展面临的关键问题不同，核心素养的界定和培育也需要有内容差异和程度差异。就我国而言，有两个核心素养必须被大力强调。①创新能力。中国教育最大的短板是所培养的学生创新能力不够，不能满足知识经济时代建设创新型国家的要求，不能适应国际竞争的要求。在一些地区和学校，我们的教育是在培养“会考试的人”，而不是“会创造的人”。②民主素养。中国社会走向全面进步，要求加快政治民主化进程，进而要求培养学生的民主素质。

就我国而言，在新的国内外形势下，核心素养是对素质教育、“三维目标”、全面发展、综合素质等聚焦的强化版和升级转型版。核心素养为教育教学改革提供了重点更突出、焦点更集中的教育目标，为转变学生学习方式、教师教学方式、政府和学校的管理方式指明了方向。

（三）从“三维目标”走向核心素养

2001年启动的课程改革的一个基本标志就是从“双基”走向“三维目标”，它的进步是不言而喻的。这其中既有量变也有质变，量变就是从“一维（双基）”到“三维”，质变就是强调学生的发展是三维整合的结果。从教学的角度讲，所谓的三维目标，应该是一个目标的三个方面，而不是三个互相孤立的目标。其可以准确表述为“在过程中掌握方法，获取知识，形成能力，培养情感态度价值观”。“三维目标”使素质教育在课堂的落实有了抓手。2001年的课程改革强调“三维目标”的有机统一，只有实现“三维目标”整合的教学才能促进学生的和谐发展，缺乏任一维度目标的教学都会使学生的发展受损。显然，“三维目标”之于“双基”既有继承更有超越。

核心素养之于“三维目标”同样也是既有传承的一面，更有超越的一面。

传承更多地体现在内涵上，而超越更多地体现在性质上。作为核心素养主要构成的关键能力和必备品格，实际上是“三维目标”的提炼和整合——把知识、技能和过程、方法提炼为能力，把情感态度价值观提炼为品格。能力和品格的形成，即“三维目标”的有机统一。以历史学科为例，正如吴伟教授所言：“历史素养是通过日常教化和自我积累而获得的历史知识、能力、意识以及情感价值观的有机构成与综合反映。其所表现出来的是能够从历史和历史学的角度发现问题、思考问题及解决问题的富有个性的心理品质。”

那么超越和创新表现在哪里呢？核心素养较之“三维目标”究竟在认识和理论上有哪些突破？

1. 核心素养立意更能体现以人为本的教育思想

从“双基”到“三维目标”再到核心素养，其变迁基本上体现了从学科本位到以人为本的转变。“双基”是外在的，主要是从学科的视角来刻画课程与教学的内容和要求；素养是内在的，是从人的视角来界定课程与教学的内容和要求。“三维目标”是由外在走向内在的中间环节，“三维目标”里既有外在的东西又有内在的东西。相对于“双基”，“三维目标”的理论比较全面和深入，但“三维目标”依然有其不足之处：一是缺乏对教育内在性、人本性、整体性和终极性的关注；二是缺乏对人的发展内涵特别是关键素质要求进行清晰的描述和科学的界定。现有的课程标准虽然在总目标中提及类似学科核心素养的目标，但没有以学科核心素养为纲，没有将学科核心素养一以贯之地落实到课程标准，特别是各个学段或年级或水平的表现标准的各个方面。这就需要由“三维目标”走向核心素养，只有从“三维目标”走向核心素养，才能够实现教育对人的真正的全面回归。

相对于“三维目标”，素养更具有内在性和终极性的意义。素养是素质加教养的产物，是天性和习性的结合。素养完全属于人，是人内在的秉性，素养使人成其为人，素养决定人的发展取向。教育的终极任务就是提升人的素养（教育价值所在）。素养让我们真正从人的角度来思考教育、定位教育。素养导向的教育更能体现以人为本的思想。

核心素养则是素养系统中具有根本性和统领性的成分，是人之为人的根之本（“根目录”），是人各种表现的根本性应由。核心素养是素养系统中具有基础性的成分，是人进一步成长的基础和可能，是人进一步成长的内核。关键能力和必备品格是人终身发展、可持续发展的基因、种子和树根，抓住了核心素养也就抓住了教育的根本。

学科核心素养既是一门学科对人的核心素养发展的独特贡献和作用，又是一门学科独特教育价值在学生身上的体现和落实。学科核心素养是学科本质观和学科教育价值观的反映。通过厘清学科核心素养，清晰地界定和描述本学科对人的发展的价值和意义，体现本学科对学生成长的独特贡献，从而使学科教育真正回到服务于人的发展方向和轨道上来。总之，只有抓住学科核心素养，才能抓住学科教育的根本。

在学科核心素养的视域下重建课程是本次课程改革（修订）的亮点。学科核心素养是一根主线（红线），统领着学科课程知识的选择、课程内容的组织、课程难度的确定、课程容量的安排以及课程的实施和学业质量标准的确立。学科核心素养是课程标准的“魂”，课程标准因此有了“人的身影”，课程标准和学生发展融为一体。学科核心素养使课程标准的形态从教学大纲（双基）、内容标准（三维目标）走向成就标准（核心素养），即以学生应该达到的素养（成就）作为课程标准的纲领。

2.“三维目标”不是终极目标，“三维目标”是核心素养形成的要素和路径

核心素养来自三维目标又高于三维目标。从形成机制的角度讲，核心素养来自“三维目标”，是“三维目标”的进一步提炼与整合，是通过系统的学科学习之后而获得的。从表现形态的角度讲，学科核心素养又高于三维目标，是个体在知识经济、信息化时代，面对复杂的、不确定的情境时，综合应用学科知识、观念与方法解决现实问题所表现出来的关键能力与必备品格。显然，“三维目标”不是教学的终极目标，教学的终极目标是能力和品格。

从“双基”到“三维目标”再到核心素养（关键能力和必备品格），知识（“双基”）的地位和作用似乎被不断地弱化，很多人为此提出质疑：知识难道就不是素养了？没有学科知识哪来学科素养？这类问题实际上就是知识与素养的关系问题。爱因斯坦曾说过：“教育无非是将一切已学过的东西都遗忘后所剩下来的东西。”遗忘掉的东西就是所学的具体知识和内容，而剩下来的就是所谓的能力品格（素养）。

知识是学校教育活动得以展开的一个“阿基米德点”，教学活动离不开知识，教学活动对知识具有绝对的依赖性，没有了知识，教学活动便成了无源之水，无本之木。教学无法在真空中产生，也无法脱离知识而单独存在。总之，教学的产生和维持，人的成长和发展，知识都是必不可少的养料。但是，教学绝不能止于知识，人的发展更不限于掌握知识，教学的根本目的和人的发展的核心内涵是人的素养的提升，即教学是基于知识且通过知识的学习来提升人的素养的一种教育活动。目前教学中存在的突出问题是：作为工具、媒介、手段、材料的知识反倒变成了教学的目的，知识被绝对化了、神圣化了，教育成了“为了知识的教育”。而能力和素养却被弱化、被边缘化了，有知识，没能力，缺素养就成为我们教学最突出、最致命的问题。从教育思想的角度讲，我们要把“为了知识的教育”转化成为“通过知识获得教育”，真正使知识成为教育活动中促进学生发展的一种文化资源和精神养料。

那么，究竟如何才能把学科知识转化为学科素养呢？我们认为，学科知识只是形成学科素养的载体，学科活动才是形成学科素养的渠道。学科知识是不能直接转化为素养的，简单的复制、记忆、理解和掌握是不能形成素养的。学科活动意味着对学科知识的加工、消化、吸收，以及在此基础上的内化、转化、升华。这其中“三维目标”中的“过程和方法”起着重要的作用。但是，“过程和方法”毕竟也不是素养本身，而是素养形成的桥梁。本次高中课程标准修订用“学科活动”来统整“三维目标”中的“过程和方法”以及学习方式中的“自主、合作、探究学习”，目的是强化学科教学的学科性，聚焦学科核心素养的形成。教师在设计和开展教学时必须以学科核心素养为导向，充分体现学科的性质和特点，使学科教学过程成为学科核心素养的形成过程。一位物理教研员反映：“深入物理课堂听课，你往往会有一种感觉，好像物理课与其他学科没有什么两样：不做实验，或以讲代做，一旦检测学生实验，其实验技能的缺陷便暴露无遗；新授课与习题课一样，题海茫茫苦作舟……物理课的特点在哪里？物理课的特点就在于‘物’和‘理’。‘物’即事实证据，必须以实验为基础；‘理’即理性思维，要以思维为中心。通过实验，创设情境，观察表象，通过理性思维抽象出具体的理论，再通过具体的原生态问题，得到建构和升华。显然，把活生生的物理仅肢解为知识，而又把知识的获得归结为习题的训练，这样的物理是没有魅力的。这样的物理课背离了物理的本质和特性，不仅是没有魅力的问题，关键是不能形成物理学科素养。”

情感态度与价值观是“三维目标”中最能体现以人为本的目标。从学科核心素养的角度来看，我们要强调两点：第一，情感态度与价值观要体现并聚焦于学科的精神、意义、文化，反映学科之情、之趣、之美、之韵、之神，从而与学科知识、学科活动融为一体，这样才能形成学科核心素养。第二，要在“内化”上下功夫。只有把情感态度与价值观内化为学生的品格，转化为学生的精神世界，使学生成为一个精神丰富的人，有品位的人，情感态度与价值观维度的目标才有终极的意义。“若失品格，一切皆失。”没有内化为品格，就没有素养的意义。

学科核心素养是学科和教育的有机融合。从“三维目标”走向核心素养，是学科教育高度、深度和内涵的提升，是学科教育对人的真正回归。学科核心素养意味着学科教育模式和学习方式的根本变革。

话题三：核心素养的核心在哪里

在新一轮基础教育课程改革中，迎接课堂转型的挑战，难以绕过核心素养这一重要问题。因为学校教育是面向未来的事业，国民核心素养的培育是至高无上的课题。核心素养指导、引领着中小学课程教学改革实践，没有核心素养，改革就缺了灵魂。

核心素养的概念不是凭空捏造的，那么，它又是怎么出来的呢？核心素养研究是一种持续的多学科、多领域协同研究的集成，历来受到国际教育界的关注。从其发展趋势看，核心素养大体涉及“人格构成及其发展”“学力模型”和“学校愿景”三大研究领域，而这三大领域，则启发了我们对核心素养的认识。

（一）人格构成及发展研究——发现人格发展的法则

基础教育的使命是奠定每一个学生学力发展的基础和人格发展的基础，而人格发展的研究是首要的。

人格结构说主张人格由四层要素组成，形成金字塔结构。第一层是志向，包括冲动、愿望、兴趣、能力倾向、理想、世界观和信念等。第二层是经验，包括知识、技能、熟练和习惯等。第三层是反应，包括情绪、感觉、思考、体悟、感情、意志和记忆等。第四层是气质，包括性别特质、年龄特质、病理学变化和身体变化等。也有把世界观、思想和道德的基本信念视为人格核心的人格学说。众多的人格学说可以为我们思考基础教育实践提供思想资料。我们期待的学校教育是，从学生人格成长的角度，不是局限于一门学科的知识，而是有长远的展望，寻求课程与教学的改进，思考学习方式的变革。

人格的结构与发展研究所引出的发展法则，为界定核心素养提供了基本视点：人格并不是个体心理机能与要素的简单总和，而是相互关联的内在条件的总体，这些要素交互作用，使得人格不断形成新的品质；人格并非单从个人自身之中就能求得诸要素之依据，它是受自然的、社会的条件和具体的、历史的条件所制约的一种存在；人格并不仅受周围外在条件所制约，而是能动地作用于自然与社会乃至个人自身，从而展开创造性变革的一种存在；人格并不是脱离社会集体的个体存在，唯有介入社会、集体的关系之中，才能作为社会的、集体的行动的个人而存在。

人格的发展过程是受种种社会条件所规定、制约的。在思考学生的人格发展时，重要的是要认识到，人格的发展不是先天预成的，也不是凭借适应主义、个人主义所能决定的，人格是学生周围的外部条件及其自身的内部条件交互作用的一个过程、一种结晶。其间的中介，无非就是学生的主体性活动。人格在活动中并且唯有通过活动才能得到发展。

（二）学力模型研究——寻求国民教育基因改造的关键DNA

众多国家把强调“国民核心素养”的课程发展视为国民教育发展的基因，而学力模型研究就是要寻求国民教育基因改造的关键DNA。法国的“共同文化”、德国的“关键能力”、美国的“核心知识”、日本的“基础学力”、国际学生评估项目（PISA）的语文素养、数学素养、科学素养等研究，都是学力模型研究的适例。

核心素养是指学生借助学校教育所形成的解决问题的素养与能力。根据日本学者恒吉宏典等主编的《授业研究重要术语基础知识》，核心素养指“学生在学校教育的学习场所习得的、以人类文化遗产与现代文化为基轴而编制的教育内容，与生存于生活世界的学习者在学习过程中所形成的作为关键能力和品格的内核”。核心素养是作为客体一面的教育内容与作为主体一面的学习者关键能力的统一体而表现出来的。因此，核心素养不是先天遗传，而是经过后天教育习得的。核心素养也不是各门学科知识的总和，它是支撑“有文化教养的健全公民”形象的心智修炼或精神支柱。决定这种核心素养形成的根本要素在于教育思想的进步与教育制度的健全发展。

近年来，国际社会已出现了学力模型研究的若干典型案例。

1. 五大支柱说

联合国教科文组织2003年强调，核心素养的培育需要终身学习，终身学习也需要核心素养。终身学习的五大支柱即素养彼此关联，同时涉及生命全程与各种生活领域：①学会求知（learring to know），包括学会如何学习，提升专注力、记忆力和思考力；②学会做事（learring to do），包括职业技能、社会行为、团队合作和创新进取、冒险精神；③学会共处（learning to live together），包括认识自己和他人的能力、同理心和实现共同目标的能力；④学会发展（learning to be），包括促进自我实现、丰富人格特质、多样化表达能力和责任承诺；⑤学会改变（learning to change），包括接受改变、适应改变、积极改变和引导改变。

2. 关键能力说

经合组织2005年提出，知识社会要求三种关键能力。第一种关键能力，是交互地运用社会、文化、技术资源的能力，包括运用语言、符号与文本互动的能力，如国际学生评估项目中的阅读素养、数学素养；运用知识、信息互动的能力，如国际学生评估项目中的科学素养；运用科技互动的能力。第二种关键能力，是在异质社群中进行人际互动的能力，包括同他人建构和谐人际关系的能力、团队合作能力和管理与解决冲突的能力。第三种关键能力，是自立自主地行动的能力，包括在广泛脉络情境中行动的能力，设计并执行人生计划、个人计划的能力，表达并维护权利、利益、责任、限制与需求的能力。

3. 八大素养说

欧盟2005年发表的《终身学习核心素养：欧洲参考架构》正式提出终身学习的八大核心素养：母语沟通、外语沟通、数学能力及基本科技能力，塑造能力，学会如何学习，人际、跨文化与社会能力，公民能力，创业家精神和文化表达。同时提出贯穿八大核心素养的共同能力，如批判性思维、创造力等。

日本的学力模型研究从20世纪50年代开始，一直连绵不断，成为日本各时期基础教育课程改革的引擎。考察日本的学力研究可以发现，核心素养与学科素养之间的关系是全局与局部、共性与特性、抽象与具象的关系。这是因为在学校课程的学科之间有共性、个性与多样性的特征。因此，在核心素养牵引下，界定学科素养或学科能力需要有三个视点的交集。一是独特性，即体现学科自身的本质特征，也就是学科的固有性，如语文学科中的文字表达、文学思维与文化传统，数学学科中的数学思维与数学模型的建构，历史学科中的历史意识、历史思考与历史判断，等等。二是层级化，即学科教学目标按其权重形成如下序列：兴趣、动机、态度，思考力、判断力、表达力，观察技能、实验技能，知识及其背后的价值观。这种序列表明，学科教学的根本诉求是学科的素养或能力，而不是单纯知识点的堆积。这就颠覆了以知识点为中心的学科教学目标的设定。三是学科群，即语文、外语学科或文史哲学科，数学与理化生等学科，音体美或艺术、戏剧类学科。它们之间承担着相同或相似的学力诉求，如直觉思维与逻辑思维，自然体验与科学体验，动作的、图像的、语言的表达能力，等等，可以构成各自的学科群。

需要说明的是，强调学科自身的独特性不等于僵化学科的边界，不能走向分科主义。而软化学科边界的好处就在于，为诸如科学、技术、工程和数学等新兴学科的创生提供了空间。

话题四：教师应具备哪些核心素养

教师的核心素养是什么呢？这个问题，我们所有教师都绕不开，必须面对，必须回答。

（一）教师应具备的核心素养是指教师的教育情怀和教育能力

1. 什么是教育情怀

大一点说是爱的情怀，正所谓“爱满天下”“没有爱就没有教育”“有了爱就有了一切”。具体一点说是爱恋的情怀，不是说痴迷的情怀，因为痴迷的人毕竟太少了。除了爱恋，还有执着的情怀。执着，就是认定一个目标，锲而不舍，不达目的，誓不罢休。当代名家、名师，他们哪一位没有这样的情怀？

2. 什么是教育能力

（1）文化底蕴，或学科底蕴，通俗地说就是做教师的功底。语文教师的功底是什么？我认为核心功底是解读文本的能力。“千重要，万重要，读懂文本最重要；这个法，那个法，不掌握文本就没有法。”这是真理，就这么简单！

那么怎样提高自己的底蕴，夯实自己的功底呢？我看唯有读书是一条正道，除此没有他途。我建议青年教师多读一些文学名著，多读一些优秀刊物，揣摩他人是如何欣赏解读优秀文本的。教学文本读到什么程度就算过关了呢？杨九俊先生说：“要把文本玩得通透。”所谓通透就是要通达透彻，如数家珍，如从己出。

（2）教学艺术。有了文化底蕴、扎实功底是否就能成为好教师呢？不一定。不是所有作家都能成为好教师，不是所有文艺评论家都能成为好教师。为什么？因为他们不一定懂得教学的艺术。教学的艺术是什么？我用四个字概括，就是循循善诱。诱，教导，引导，劝导也。善诱，是善于教导、引导，善于启发、点拨，善于指点迷津，让人豁达开朗。这“善诱”当中大有文章可以做。

① 善于倾听，是善诱之前提。能听出学生的发言中哪儿是正确的，哪儿是错误的，哪儿是似是而非的，哪儿是答非所问的。

② 善于捕捉，是善诱之关键。善于捕捉学生发言中的闪光点，并让它放大光芒，照亮课堂。善于捕捉学生发言中的问题，并把它置于放大镜下，看到问题的成因，让全体学生引以为鉴。这都是为师者的本领。

③ 善于点拨，是善诱之核心。善诱者能四两拨千斤；善诱者能借力打力；善诱者能让学生柳暗花明；善诱者能让学生拨云见日；善诱者能让学生如沐春风，如饮甘霖，享受思想启蒙的大餐。

除了善诱外，还要循循。循循就是有顺序、有次序、有步骤、有规律的样子。这里的顺序就是学生认知的规律、学生发展心理的规律、学科建构的规律。如果背离了规律，就背离了循循善诱，就不是真正的教育艺术。

当然，教育情怀也好，教育能力也好，都离不开创新思维，因为，唯有创新才是教育永不褪色的灵魂。这是颠扑不破的真理！

（二）教师应具备的核心素养还有什么

1. 教书过程要见人见物见思想

教师的核心素养应该是教师区别于其他行业最本质的特点。基于此，我想以学生和学习为核心可能是我们教师职业素养中最为关键的一点，具体表现在思考、表达、评价和组织上，我们的教师首先要具备理性思考的能力，主要围绕学生、学科、学习等方面去思考。

（1）清晰学情，基于对学生的深入了解，去定科学的教育目标。

（2）学科非常重要。中国基础教育的优势是学科教学，所以我们教师对学科要有深刻的理解，对学科框架、教学的基本方法以及能力培养序列要非常清楚。

（3）学习。今天的学习和昨天的学习不一样，它已经突破了围墙，已经突破了学科。那我们应该给学生什么样的学习呢？第一是要理性思考，把握好学生、学习、学科。第二要感性表达，见人、见物、见思想。我们应该致力于真正以学生为核心，集成各种资源为学生提供丰富的学习。要给学生一个完整的知识建构，以达到对其人格的提升。第三是要有效组织，要把握好整体与个体之间的关系、评价和跟进的关系。如何兼顾整体和个体，这是落实以人为本的关键。能够对学生的学习和活动中的各种行为做出准确而非模糊的评价，才能真正保证学生的成长。

2. 教师须有超学科整合能力

我认为，培养学生核心素养的前提与根本应该在教师核心素养，离开教师核心素养谈学生的核心素养是不现实的。结合我们教育发展实际，我觉得学生的核心素养主要在于创新能力，而对于学生的创新能力的培养，难以离开渗透于课程、教学和评价之中的教师的创新素养。

我认为应该有三个层次，首先是本学科，其中就涉及本学科的知识、能力，以及从知识到能力转化过程中所体现出来的素养。对学生来说，不仅要学好学科知识，而且应该把学科知识体现在超学科层面上，能够将学科知识拓展、深化，超越学科的限制，达到一个更高的层次。

因此，能不能在学科与学科之间进行关联或架设就考验了教师的课程整合能力，这是教师需要具备的素养。所以，我自己觉得培养学生的创新素养，教师必须要具备从本学科到超学科再到跨学科的整合能力。

3. 沟通和反思能力至关重要

我认为教师的核心素养首先是学科知识，教师不仅要熟悉学科知识，还要能够对学科知识有一个宏观的了解和把握，了解学生的基本需求并能有弹性地去建立各知识点之间的联系。

其次，我认为教师的核心素养是要学会有效沟通，因为教师要能够把抽象的知识点变得清晰；教师须具备解释复杂抽象概念的方法，能有效地把一些概念传达给学生，帮助他们理解一些知识点；教师要能够倾听学生的观点，了解他们在课堂当中的表现和反馈；教师还要了解学生的心理，知道他们的心理变化，从而在课堂上更好地吸引他们。

最后，我认为教师核心素养的一个重要点，就是要具有反思、分析和评价的能力。教师既要善于自我反思，又要能够与自己的同事一起反思，要学会客观地反思自己的工作，对自己的课堂、学生和教学工作都要有客观的反思。教师还要善于发现并分析学生的特长和不足，进而调整自己的教学方法，帮助学生扬长避短，克服困难。

未来教师的核心素养到底是什么？一言以蔽之，教书育人的教育信仰，融合创新的信息素养以及独具一格的创新素养。

骨干教师的核心素养：①人文精神——关爱、公正、宽容；②专业态度——信念、敬业、民主；③专业能力——科学、创造、进取。

（2018年4月至2019年5月在全县送教下乡活动中的两次讲座演讲稿）

做有尊严的教师

一、做人、做事要讲良心

凭良心做人、凭良心做事，是几千年来中国人为人处世的箴言。我们教师的良心就是，在依法执教的前提下，关心、教育好每一个学生，做好教学过程的每一环节，做好学校的每一件事。

1. 我们为什么要讲良心

（1）党和人民给了我们工资，我们就要完成相应的工作——价值对换。有谁见过雇员不给东家干活，而东家只管给钱的？我们的“东家”就是祖国、党和人民，我们就是为人民的孩子服务的“雇员”。而且，十三届人大一次会议之后，要继续为民办教师、代教和公办教师涨工资，民办教师工资涨幅远大于公办教师，这体现了党对教师的关心、对教育的重视。

（2）人民赋予我们的使命就是教育学生，我们不能辱没这个使命。军人的职业是保家卫国，农民的职业是科学种田，我们的职业就是教书育人。我们不做这个还做什么？既然是职业，就不能做成副业，因为这是我们的衣食所依。

（3）家长把孩子交给我们，我们有责任和义务把孩子教好——这是良心的体现。换位思考一下，如果你的孩子遇到位不负责任的老师，你怎么想？

2. 良心是什么

（1）良心是一个古老的伦理概念。《孟子》中将恻隐、羞恶、恭敬、是非之心称之为良心，主张人应当注意找回被流放的良心。朱熹则将良心视为宰制人心的道心。王阳明将良心看作澄澄朗朗的本心。知行合一，就是按良心办事的意思。道德意义上的良心是一种道德心理现象，是指主体对自身道德责任和道德义务的一种自觉意识和情感体验，以及以此为基础而形成的对于道德自我、道德活动进行评价与调控的心理机制。要对良心范畴有正确地理解，需要对良心的成分、性质等有正确地认识。

（2）良心是与公正、仁慈和义务等概念有密切关系的范畴。首先，良心与公正、仁慈有密切的联系。良心以公正、仁慈为基本准则，又对公正、仁慈原则的落实有支持作用。良心就是要使人爱其所爱，恨其所恨，具有是非感与正义感，具有恻隐之心。良心可以视为公正、仁慈原则的内化。良心不仅包容正义感，也含有仁慈的驱动。其次，良心与义务也既有联系又有区别。良心是对道德义务的内心认可，良心具有强烈的主观性质，一旦义务转化为良心，则义务对人的要求就可望得到真正的落实。这是因为，良心具有主体自主的特质，而义务则具有相对强制的特征。弗里德里希·包尔生说："履行善就意味着履行义务，而我们的义务看来并不符合自然的意志，因此在义务和爱好之间就有一种冲突。在行动之前，义务的情感反对爱好，它作为阻止物而活动；在行动之后，如果爱好在行动中胜过了义务的情感，义务就做出谴责说，做爱好的事情是坏的。对于我们本性中这种反对爱好和在责任和义务的情感中表现自己的东西，我们称之为良心。"苏霍姆林斯基则说："压抑自己良心的声音，这是很危险的事情。如果你养成一种对某件事情毫不在乎的习惯，那你很快就会对任何事情也都满不在乎。"所以，良心无论对社会的健康发展还是对个体的道德生活都有极大的意义。教师的职业良心是教育工作的重要动力和调节机制所在，教育良心是教师职业道德的重要范畴。

案例一：

2018年3月18日晚22点央视《欢乐中国人2》栏目中，讲述人林依晨讲述了河南省淇县油城小学“一师一生一学校”的故事。50多岁的徐泽慧老师教五年级学生。一名叫徐佳淇的学生在全镇每次统考中，都名列前三名。徐老师要教授语文、数学、英语、思品、体育、音乐、美术、自然八门课。徐老师不懂英语，要自学后再教学生。可想而知，徐老师的工作量有多大！主持人问他是如何坚守下来的？徐老师铿锵有力地回答：“因为这是教师的职责。”——多么自信、豪迈、坚毅！这就是有良知的教师的坚守、有师德的教师的荣耀、有使命感的教师的法律意识、有爱心的教师的担当！徐老师不仅是河南省淇县人民的骄傲，更是我们全国教师队伍的骄傲！他的所作所为，诠释了教师的义务、职责和良知。徐老师永远是我们学习的楷模！

结合教育法规和当今教育理念，我有五点看法。

1. 良心是本心、正直之心

正直之心是良心之主干，没有正直之心，其他一切难以为存。当今之人，尤其是共产党人，秉持正直之心不仅是为人之道，更是党性要求、使命使然。坚定的理想信念，崇高的政治素养，是非分明的人生态度，公平公正的办事原则，光明磊落、刚直不阿的精神追求等都是一个有良心的人应有的品质。

2. 良心是仁爱之心

我国古代许多教育家、思想家都提出教育的核心是仁，即仁爱。强调仁爱必须贯穿教育过程的始终，必须落实在教育过程的每一个环节中，这些论述和观点阐述了仁爱的重要性。现代教育家陶行知、斯霞、于漪、顾明远、魏书生等都在一些著作或论坛中指出爱心是教育的灵魂，没有爱就没有教育。

3. 良心是诚信之心

诚信之心是良心之魂，一个没有诚信的人，世人常骂他“没良心”。有哲人说：诚实是一种力量的象征，它显示着一个人的高度自重和内心的安全感与尊严感。一个人诚实有信，自然得道多助，能获得大家的尊重和友谊，如果贪图一时的安逸或小便宜，而失信于朋友，表面上得到了“实惠”，实际上很可能毁了自己的声誉。

案例二：

央视报道，最高人民法院大法官刘贵祥透露：我国已经建立了“诚信库”，截至2017年底，已有2000万人因不诚信被拉入黑名单。这些人不能坐飞机、高铁，不能贷款，不能办理营业执照等。

4. 良心是善良之心

有良心的人是善良的，《三字经》说：“人之初性本善。”工作也好，生活也好，不管是在家庭里，还是在社会上，一定要与人为善，与家人、与同事和睦相处。不要与人结仇，更不要以怨报德，就是别人对你不友好，甚至有仇于你，你也不必以眼还眼、以牙还牙。谚语云：“仇恨永远不能化解仇恨，只有慈悲才能化解仇恨，这是永恒的真理。”

5. 良心是感恩之心

知恩图报是中华民族的优良传统，一个有良心的人必定是知恩图报的人，是一个不忘恩负义的人，是一个滴水之恩当涌泉相报的人。羊有跪乳之恩，鸦有反哺之义。动物界尚且如此，何况我们人类呢！

案例三：

据了解，镇巴县泾洋中心小学辖区内的高桥小学有位周成贵老师，他所带班的数学成绩年年在全县名列前茅，其中有一年平均分为97分。2016年4月他本该退休，却坚持干到6月底。镇巴中学袁兴发老师，20多年所带班级的高考成绩在全市都名列前茅。他本该当年2月退休，却坚持到6月学生高考结束后才退休。这些教师的精神都是可钦可佩的！

这就是良心所在，所以，我们一定要讲良心。

二、要善于发展自己

有人说：“我是为领导做的。”这种观点是完全错误的。做好本职工作是自己的责任，是良心所在；成就学校的同时也是在成就自己；发展事业的同时首先辉煌的是自己。我们有责任和义务发展自己，我们要毫不犹豫、义无反顾地提高自己的教育教学能力。

未来几年时间有这八种人要变成“困难户”：①八小时之外不学习的人；②对新生事物反应迟钝的人；③靠个人能力单打独斗的人；④心理脆弱容易受伤害的人；⑤技能单一没有特长的人；⑥计较眼前目光短浅的人；

⑦情商低下的人；⑧观念落后、知识陈旧的人。

所以，我们要努力发展自己、善于发展自己。那么如何发展自己呢？我以我自己的成长经历谈八点体会。

（1）更新理念，强化校本研修。

（2）认真备课，严谨教学。

（3）善于反思，勤于写作。

（4）喜欢学习，乐于接受。

（5）勇当班头，爱心育人。

（6）做好课题，精于总结。

（7）修身积德，教师之魂。

（8）教心不改，矢志不渝。教师专业成长取得成功的秘诀：有矢志不渝的信念。

任何成功人士的模式都不可能复制，但可以借鉴他们成功的经验、求实的精神、做人的品质和修炼之道。

三、今后的教学生涯从何做起

（1）从关心每一位学生、关心学生的每一天做起。

（2）从认真钻研教材、认真备课、认真批改作业、认真听评课、认真讲评、认真辅导做起。

（3）从认真写教育教学反思、工作总结做起。

（4）从踏踏实实做课题研究做起。

结束语：不要好高骛远，千里之行始于足下；路，是自己走出来的；幸福，是自己创造的；利源于名，名源于成绩，成绩源于汗水；每个人要有自信，自信的基础是有学识、有技术、有胸怀、有气魄；人生的幸福是从职业幸福开始的，然后才有生活幸福。

（2018年3月30日在赤南初中、2019年7月10日在泾洋中心小学全体教师培训会上所作演讲稿）